新設された
「地積規模の大きな宅地の評価」への対応

新広大地評価の実務

辻・本郷税理士法人 編

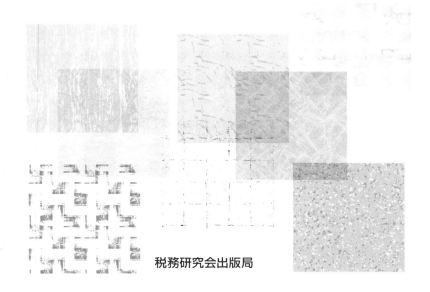

税務研究会出版局

はじめに

　平成29年度税制改正大綱において、「広大地評価の見直し」が公表されました。これを受けて、どのような評価方法に見直すのか、どういった要素を追加するのか、と様々な憶測を巡らしてまいりましたが、平成29年10月5日に通達が公表され、ついにその内容が判明しました。

　それは、「評価方法を変える」といったレベルではなく、『広大地』の概念そのものを廃止し、新たに『地積規模の大きな宅地』という概念を設け、それについての評価方法を新たに設ける内容でした。

　従来、広大な土地をお持ちの地主さんの相続にあたって、その土地が広大地に該当するか否かは地主当家の存続を左右すると言っても過言ではない、大きな問題でした。

　今後は、新たな規定により、その広大な土地に評価減が適用できるのか、できるとしたらどれくらい減額できるのか、これを確認することが、これからの相続対策への基本の一歩となります。

　本書は、平成29年10月5日公表の通達に基づき、書き上げたものです。通達の公表直後に原稿を書きましたから、適用について多少の推測も交えながらの記載となっている箇所もございます。

　しかし、一刻も早く皆さまにこの情報をお伝えしたいとの一念から、執筆者一同、思いを込めて書き上げました。

　本書が、広大な土地をお持ちの地主の皆さま、そして相続税務に携わる専門家の皆さまの一助になれば幸いです。

平成29年10月

執筆者一同

第 1 章

過去の裁決事例から見る旧広大地通達の問題点

1．税制改正の経緯 ·· 2

（1）評価方法の問題点 ··· 2

（2）適用要件の問題点 ··· 2

（3）問題点の見直し ··· 2

2．裁決事例からみる旧広大地通達の問題点 ······················ 4

（1）既に有効活用されているものとして広大地評価が認められなかった事例〜平成23年9月5日裁決〜 ··························· 5

（2）マンション適地に該当するため広大地評価が認められなかった事例〜平成21年12月15日裁決〜 ························· 7

（3）開発行為を行うとした場合に公共公益的施設用地の負担は生じないとして広大地には該当しないとした事例〜平成25年2月27日裁決〜 ··· 8

（4）標準的な宅地の地積に比して著しく広大な地積ではないため広大地には該当しないとされた事例〜平成18年12月8日裁決〜 ·········· 10

3．まとめ ·· 13

第 2 章

改 正 の 内 容

1．旧広大地について ·· 16

（1）広大地評価の趣旨 ·· 16

（2）広大地評価の変遷 ·· 17

（3）旧広大地通達「財産評価基本通達24−4」の概要 ·············· 18

2．新広大地について ·· 27

（1）広大地通達の改正の趣旨 ······································ 27

（2）新広大地通達の概要 ·· 27

3．旧広大地通達と新広大地通達の比較 ·························· 33

（1）適用要件の明確化による比較 ························· 33

（2）広大地補正率と規模格差補正率との比較 ············· 33

（3）比較の結果 ··································· 34

4．適用に関する留意点 ··························· 36

（1）適用可否の判断 ······························ 36

（2）重複適用が可能な補正率等 ····················· 38

5．改正の影響 ······························· 41

（1）路線価地域に存する宅地に与える影響 ·············· 41

（2）市街化調整区域に存する宅地に与える影響 ··········· 41

（3）市街地農地に与える影響 ······················ 42

（4）市街地山林・市街地原野に与える影響 ·············· 43

第 3 章

土地の形状による新旧評価シミュレーション

1．奥行き通常の土地 ·························· 46

2．奥行きの長い土地 ·························· 50

3．羊羹切りの土地（間口が長い土地） ·············· 54

4．既にマンション等の敷地として最有効利用されている土地 ··· 60

5．セットバックのあるケース ····················· 66

6．甚だしく不整形の土地 ······················· 71

7．容積率の異なる2以上の地域にまたがる宅地 ·········· 76

8．区分所有マンションの一室を所有している場合 ········ 80

9．生産緑地 ······························· 84

10．農地　〜納税猶予との関係〜 ·················· 87

第 4 章
今 後 の 対 応 策

1．相続税試算の見直しの必要性 ……………………………………… 96
（1）改正前（平成29年12月31日以前に相続が発生した場合）………… 96
（2）改正後（平成30年1月1日以降に相続が発生した場合）………… 97

2．年内贈与 ……………………………………………………………… 100
（1）改正後に相続が発生した場合（平成30年1月1日以降）………… 100
（2）平成29年中に生前贈与を行った場合 …………………………… 101

3．暦年課税制度と相続時精算課税制度 ……………………………… 105

4．流通税対策に信託活用 ……………………………………………… 107
（1）土地の所有権移転に際しての流通税 …………………………… 107
（2）信託とは ……………………………………………………………… 107
（3）信託を使った贈与 …………………………………………………… 108
（4）受贈後に次世代への相続、贈与 …………………………………… 109
（5）信託を終了させた場合は …………………………………………… 109

5．相続の前で売る？後で売る？ ……………………………………… 111
（1）相続の前で売る ……………………………………………………… 111
（2）相続の後で売る ……………………………………………………… 113

6．遺言の見直し ………………………………………………………… 116

7．農地等の納税猶予との関係 ………………………………………… 120
（1）生産緑地の所有者に相続が起きたとき ………………………… 120
（2）農地等の相続税の納税猶予の特例の概要 ……………………… 121
（3）納税猶予の特例を適用した場合と売却した場合の比較 ……… 122

8．開発道路を入れて半分アパート、半分は売却予定で更地にしておく …………………………………………………………………… 126
（1）半分をアパート、半分は売却予定で更地にしておく ………… 129

（2）宅地を2つに分筆し、相続人がそれぞれ1筆ずつ取得できるよう
　　にしておく ……………………………………………………………… 131

9．広大地に建物を建設する事例 ……………………………………… 132

（1）旧広大地通達 ………………………………………………………… 132

（2）新広大地通達 ………………………………………………………… 133

（3）改正が与える影響 ………………………………………………… 134

10．新広大地評価が大きく出る場合には時価鑑定も ……………… 135

（1）改正前の評価 ………………………………………………………… 135

（2）改正後の評価 ………………………………………………………… 136

（3）時価鑑定の検討 …………………………………………………… 137

参 考 資 料

「財産評価基本通達」の一部改正について（法令解釈通達）（平
成29年9月20日付課評2－46ほか2課共同） ……………………… 140

「財産評価基本通達の一部改正について」通達等のあらましに
ついて（情報） ………………………………………………………… 153

主な凡例

相法…………相続税法

評基通………財産評価基本通達

措法…………租税特別措置法

地法…………地方税法

第1章

過去の裁決事例から見る旧広大地通達の問題点

1 税制改正の経緯

　旧広大地通達は、平成6年に制定され、評価減が大きいことから広く適用されていました。ただし、旧広大地通達については主に下記の二つの問題点が指摘されていました。

(1) 評価方法の問題点

　所有する土地が広大地に該当した場合、土地の評価額は「自用地評価×広大地補正率」で計算することになります。

$$広大地補正率 = 0.6 - 0.05 \times \frac{広大地の面積}{1,000㎡}$$

　上記の広大地補正率の下限値は0.35となっており、大幅な評価減が見込まれます。

　ただし、上記の計算は面積が大きければ大きいほど比例的に減額する評価方法のため、面積が同じであれば、例えば、正方形の土地も旗竿地も同じ評価額となってしまうという問題点がありました。

(2) 適用要件の問題点

　上記の計算のとおり、広大地に該当した場合は評価額が大幅に下がるため、相続税の計算において非常に重要なポイントとなります。

　ただし、「広大地に該当するかどうか」の適用要件は非常に難解で、納税者と国税当局との見解の相違が多く発生し、現在に至るまで広大地に関する裁決事例も数多く存在しています。

(3) 問題点の見直し

　改正前後の評価方法や適用要件などは次章以降にて詳しく解説します

が、旧広大地通達の問題点を踏まえ、今回の改正により評価方法については広大地の面積・形状に基づき評価する方法に見直され、かつ、客観的な判定をすることができるよう適用要件が明確化されました。

2 裁決事例からみる旧広大地通達の問題点

本章では、広大地の適用要件に関して、過去どのような争いがあったかを検証します。

平成16年6月の「資産評価企画官情報第2号『財産評価基本通達の一部改正について』通達のあらましについて（情報）」によると広大地に該当しない条件の例示として、以下のものが挙げられています。

・既に開発を了しているマンション・ビル等の敷地用地
・現に宅地として有効活用されている建築物等の敷地（例えば、大規模店舗、ファミリーレストラン等）
・原則として容積率300％以上の敷地に所在する土地
・公共公益的施設の負担がほとんど生じないと認められる土地
　（例）道路に面しており、間口が広く、奥行きがそれほどでもない
　　　　土地（道路が二方、三方及び四方にある場合も同様）

上記のうち、裁決事例で主な争点となっているポイントをまとめると以下のとおりです。

> 【裁判事例での主な争点】
> （1）既に有効活用されているかどうか
> （2）マンション適地かどうか
> （3）公共公益的施設の負担が生じるかどうか
> （4）標準的な地積よりも著しく広大な地積かどうか

以下、裁決事例を基に、争点となったポイントを整理します。

（1）既に有効活用されているものとして広大地評価が認められなかった事例～平成23年９月５日裁決～

裁決の要旨

　請求人は、①本件土地は、その地域における標準的な宅地の地積に比して著しく広大で、本件における経済的に最も合理的な開発行為である戸建分譲開発を行うとした場合には、公共公益的施設用地の負担が必要であること、②路線価方式による土地の評価は、更地として評価することを前提としており、公共公益的施設用地の負担の要否は、開発行為を行うとした場合に負担を要するか否かで判断すべきであり、本件土地の現状が賃貸マンションの敷地の用に供されていることのみをもって、財産評価基本通達24－４《広大地の評価》（広大地通達）の定めの適用を排除すべきではないことから、本件土地は、同通達に定める広大地に該当する旨主張する。

　しかしながら、既に開発行為を了しているマンションなどの敷地用地や評価時点において宅地として有効利用されている建築物の敷地用地については、標準的な地積に比して著しく広大であっても、特段の事情のない限り、広大地通達に定める広大地に該当しないと解されるところ、本件土地の場合、開発行為を了した上、共同住宅の敷地として使用されており、近い将来において新たな開発行為を行うべき事情も認められず、本件土地の属する地域（本件地域）は、戸建住宅と共同住宅の混在する地域であって、これらの用途のいずれもが本件地域における標準的な利用形態と認められることからすれば、本件土地は、その周辺地域の標準的な利用状況に照らしても、共同住宅用地として有効に利用されていると認められる。

　したがって、本件土地について開発行為を行うとした場合における公共公益的施設用地の負担の要否について検討するまでもなく、本件土地

は広大地通達にいう広大地には該当しない。

ポイント

・既に開発を了しているかどうか？

　本件土地の上に建っている共同住宅（平成4年築、鉄筋コンクリート造）はほぼ満室で賃貸収入も大きく、外観上も建築後の経年によることを超える損傷は存しないため、今後相当期間利用することが見込まれました。

　よって、共同住宅の敷地として、現に有効に利用されている土地と認められました。

　つまり、既に開発を了しているものと判断されたわけです。

・では、既に共同住宅が建っていると広大地適用は難しい？

　旧広大地通達における広大地の判定においては、既に共同住宅の敷地として利用されているかどうかは直接影響ありません。

　本件土地の上に建っている共同住宅については、上述の通りほぼ満室で賃貸収入も大きく、今後相当期間利用することが見込まれる状況でした。

　このように、既に共同住宅等が建っている場合には、その建物の収益力や築年数などを総合的に勘案して、現状が最有効使用である場合には広大地に該当しません。

　ただし、共同住宅等の敷地として利用されていること自体は広大地判定に直接影響がないため、建物が建っている場合には「その建物の敷地として利用することが、その土地を最も有効に活用している状態であるかどうか」の検証をする必要がありました。

（2）マンション適地に該当するため広大地評価が認められなかった事例～平成21年12月15日裁決～

裁決の要旨

　請求人らは、請求人らの一人が相続により取得した本件土地（1,075㎡）の最有効使用は、本件土地が存する本件地域の状況及び本件土地の個別的要因を考慮すると、中高層の集合住宅等の敷地として利用することなく、建築資金が少額でリスクの小さい戸建住宅の敷地として利用することである旨主張する。

　しかしながら、本件地域では、①相続開始前の平成X年にその用途地域が住宅地域から近隣商業地域に変更され、建ぺい率は80％、容積率は300％と中高層の集合住宅等を建設することが可能であること、②平成X年以降、市に対して開発許可申請がなされていないことから、1,000㎡以上の土地について開発行為をした場合に公共公益的施設の負担が必要な開発は行われていないこと、③本件相続の開始以前10年間において、戸建住宅よりむしろ中高層の集合住宅等が多く建築されていることが認められる。

　次に、本件土地についてみると、本件土地の形状、接面道路の幅員、本件土地と接面道路との接する距離、接面道路と県道・国道との距離に加えて、容積率が300％と定められていることなどからしても、本件土地に中高層の集合住宅等を建築することに特段の支障を来す状況は見受けられない。なお、平成10年8月には、本件地域内の約830㎡の土地に11階建の事務所ビルが建築されており、本件土地と同規模の土地が細分化されることなく一体として利用されている。

　以上の事実を勘案すると、本件土地の最有効使用は、戸建住宅の敷地の用に供することではなく、中高層の集合住宅等の敷地の用に供することであると認められる。

したがって、本件土地はマンション適地等に該当するので、財産評価基本通達24－4に定める広大地に該当するとして評価することはできない。

ポイント

・周辺に戸建住宅が多ければ大丈夫？

　元々は戸建住宅が多い地域であっても、近年の開発状況を調べてみると中高層の集合住宅や店舗等が多く建築されている場合があります。本事例においても、国税不服審判所は本件土地の所在する地域における相続開始前10年間の開発状況を集計しています。

　よって、マンション適地の判定は、周辺に戸建住宅が多いかどうかだけでは判定ができず、近年の開発状況を確認する必要がありました。

（3）開発行為を行うとした場合に公共公益的施設用地の負担は生じないとして広大地には該当しないとした事例～平成25年2月27日裁決～

裁決の要旨

　請求人は、相続により取得した土地（本件土地）の評価に当たり、本件土地について開発行為を行うとした場合、公共公益的施設用地の負担が必要であるから、本件土地は、財産評価基本通達24－4《広大地の評価》に定める広大地に該当する旨主張する。

　しかしながら、①本件土地の属する地域の開発の実例をみると、道路を開設して開発した事例は、開発区域と接する既存の道路が一つのみであり、かつ、その既存の道路から奥に戸建住宅用地を3区画以上分割することが可能である程度の奥行距離がある場合であり、それ以外の事例は、路地状部分を有する宅地を組み合わせるなどして道路を開設せずに

開発がされている事例であるところ、本件土地は、その接する既存の道路が二つあり、これらの既存の道路からの奥行距離が戸建住宅用地を2区画分割することが可能である程度の距離の土地であり、上記の道路を開設して開発した事例と事情を異にしていること、また、②一般に道路を開設する開発は、道路部分の面積に相当する潰れ地を生じさせることとなり、容積率及び建ぺい率の算定上不利になるのが通常であること、更に③土地の開発業者は、経済的に合理的な判断に基づき当該土地の価値を最大限に高められるような方法によって開発を行うことが通常であるところ、相続開始後に本件土地を譲り受けた業者が本件土地について道路開設することなく開発を行ったことからみても、本件土地においては、新たな道路を開設せず、路地状部分を有する宅地を組み合わせた開発が経済的に最も合理的であると認められる。

したがって、本件土地について開発行為を行うとした場合、公共公益的施設用地の負担は必要ではなく、本件土地は、広大地に該当しない。

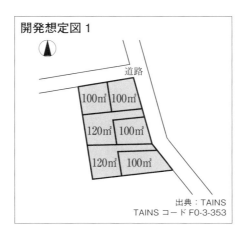

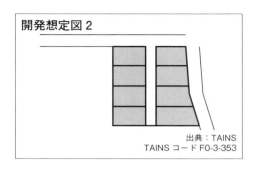

ポイント

・公共公益的施設用地の負担が必要かどうか？

　旧広大地通達においてはその地域における標準的な宅地の地積をベースとして開発をした時に、新たに道路を開設する必要があるかどうかを判定する必要がありました。本事例においては、本件地域において開発行為を行う際に新しく道路を開発している事例は一つのみであり、また、本件土地はその接する既存の道路が二つあるため公共公益的施設用地の負担は必要ない（上記開発想定図1参照）として、納税者の開発想定図（上記開発想定図2参照）は本地域においては合理的な開発ではないと判断されました。

　よって、納税者はその地域の開発状況を確認し、その土地を開発した時は公共公益的施設（潰れ地）が発生することが合理的な開発であることを証明する必要がありました。

（4）標準的な宅地の地積に比して著しく広大な地積ではないため広大地には該当しないとされた事例〜平成18年12月8日裁決〜

裁決の要旨

　財産評価基本通達24−4《広大地の評価》（以下「本件通達」という。）

を定めた趣旨は、評価の対象となる宅地の面積が、①当該宅地の価額の形成に関して直接影響を与えるような特性を持つ当該宅地の属する地域の標準的な宅地の面積に比して著しく広大で、②評価時点において、当該宅地を当該地域において経済的に最も合理的な特定の用途に供するためには、公共公益的施設用地の負担が必要な都市計画法に規定する開発行為を行わなければならない土地である場合にあっては、当該開発行為により土地の区画形質の変更をした際に、公園等の公共公益的施設用地としてかなりの潰れ地が生じ、このような土地の評価に当たっては、潰れ地が生じることを当該宅地の価額に影響を及ぼすべき客観的な個別事情として、価額が減少していると認められる範囲で減額の補正を行うこととしたものである。

このような本件通達を定めた趣旨等にかんがみれば、本件通達でいう評価宅地の属する「その地域」とは、①河川や山などの自然的状況、②行政区域、③都市計画法による土地利用の規制など公法上の規制等、④道路、⑤鉄道及び公園など、土地の使用状況の連続性及び地域の一体性を分断する場合がある客観的な状況を総合勘案し、利用状況、環境等が概ね同一と認められる、ある特定の用途に供されることを中心としたひとまとまりの地域を指すものと解するのが相当である。

これを本件についてみると、本件各土地が属する「その地域」とは、市道n線、市道k線、市道p線、及び県道m号線に囲まれた地域（以下「本件地域」という。）をいうものと解するのが相当であり、本件地域における宅地の利用状況は、一部は住宅用地として使用されているものの、大部分は、倉庫敷地、事務所敷地及び駐車場に利用されており、それらの地積の平均は、約1,970㎡程度であると認められるから、本件各土地は、本件地域の標準的な宅地の地積に比して著しく広大な宅地であるとはいえず、本件通達を適用することはできない。

ポイント

・地積が大きければ広大地になる？

　旧広大地通達では広大地は地積が500㎡以上（三大都市圏以外は1,000㎡以上）の土地が原則対象とされていましたが、地積が大きいだけでは要件を満たさず、その地域における標準的な宅地に比して著しく広大である必要がありました。本事例においては、地積が約1,653㎡ありますが、周辺の利用状況として倉庫・事務所・駐車場が多く、それらの平均の地積は約1,970㎡であるため、この地域における標準的な宅地の地積に比して著しく広大な宅地であるとはいえないという判断がされました。

　よって、地積が大きければ広大地に該当するわけではないため、周辺の標準的な利用状況を確認する必要がありました。

3 まとめ

　紹介したのはごく一部で、広大地の判定については数多くの裁決事例等があります。納税者本人が自ら広大地であることを判定することは非常に困難であり、実務上は不動産鑑定士などの専門家に依頼するケースが多く見られました。こうした経緯があり、評価対象地に広大地評価を適用できるかどうかについて画一的な判断ができるよう、旧広大地通達は廃止され、新たな通達が定められました。

第2章

改正の内容

1 旧広大地について

（1）広大地評価の趣旨

　面積が広大な宅地等については、標準的な面積の宅地等に比べ、実際の市場価額が大きく下がるのが一般的です。

　評価対象地が所在する地域において、戸建住宅として利用するのが一般的な用途である場合を考えてみましょう。マイホームの敷地としては100㎡が標準的な面積である場合、この広大な評価対象地を買い取るのは多くの場合、開発業者ということになります。そして開発業者が戸建住宅を開発する場合、私道を入れて100㎡の宅地に区画割りをしていきます。こうした私道の潰れ地が必要となる分、単純に100㎡の宅地等を相続した場合と比べ、減額が生じます。

　さらに、こうした広大な宅地等を開発する場合には、災害対策や住環境の保全などの見地から、都道府県、市区町村といった行政サイドから造成に関し、指導がなされます。開発面積が広くなるほど、その指導は厳しくなりますので、私道部分の潰れ地と併せて、相当の減額が生じます。

　こうした実情を鑑み、面積が広大な宅地等については、広大地の評価減が認められてきました。

　一方、評価対象地が所在する地域によっては、面積が広いことがマイナス要因とならないことがあります。むしろ、プラスに働くような場合もあります。

　例えば、評価対象地の所在する地域がマンションを建てるのに適している場合や大規模な工場として利用するのが最適な場合です。こうした宅地等に対してまで、減額する必要はありませんから、旧広大地通達においては、この２種類の宅地等を広大地評価の適用対象外としていたわ

けです。

（2）広大地評価の変遷

　平成5年12月31日以前は、面積が広大な宅地等について、財産評価基本通達上、特別の斟酌は定められていませんでした。

　しかし、上記**（1）**で記載したとおり、面積が広大な宅地等は実際の市場価額が大きく下がるという実情を考慮し、平成6年2月15日付け「財産評価基本通達の一部改正について（法令解釈通達）」（課評2－2他）により、有効宅地化率を考慮した評価方法が新設されました。有効宅地化率とは、評価対象地について開発想定図を作成し、開発を行うとした場合に必要とされる公共公益的施設（道路、公園等）部分の面積を除いた、販売することができる宅地部分の面積が全体面積に占める割合をいいます。つまり、開発想定図の作成を前提とする評価方法を導入したわけです。

　その後、平成12年6月13日付け「財産評価基本通達の一部改正について（法令解釈通達）」（課評2－4他）により改正され、具体的な適用に関しての実務上の取扱いが新たに示されるなどしました。

　そして、平成16年6月4日付け「財産評価基本通達の一部改正について（法令解釈通達）」（課評2－7他）において、「広大地補正率」を用いて評価する方法に根本的に改正され、平成29年までこれに基づいて広大地評価を行うこととなりました。従前の開発想定図に基づく有効宅地化率を用いた評価方法から、評価対象地の面積に応じ形式的に評価額を算定する方法へと改正されたということになります。

　このような変遷をたどった広大地評価ですが、今回、平成29年度税制改正により、適用要件の明確化及び評価対象地の形状の加味という観点から大きな改正が行われました。改正が行われた理由としては、旧広大

地通達による評価方法は面積に応じて比例的に減額する評価方法であり、整形の土地であっても不整形の土地であっても評価額が同じになってしまう点が実情とそぐわないことが挙げられます。また、広大地補正率は評価額が40％以上最大65％下がることから減額割合が非常に大きく、市場の取引価額と大きく乖離する事例が多発していること、富裕層の節税対策に利用されている事例があること、広大地評価の適用要件が不明確なため、納税者側と課税当局側との争点になる事例が多く存在すること、などが改正の理由とされています。

(3) 旧広大地通達「財産評価基本通達24－4」の概要

≪広大地の評価≫

24－4　その地域における標準的な宅地の地積に比して著しく地積が広大な宅地で都市計画法第4条《定義》第12項に規定する開発行為（以下本項において「開発行為」という。）を行うとした場合に公共公益的施設用地の負担が必要と認められるもの（22－2《大規模工場用地》に定める大規模工場用地に該当するもの及び中高層の集合住宅等の敷地用地に適しているもの（その宅地について、経済的に最も合理的であると認められる開発行為が中高層の集合住宅等を建築することを目的とするものであると認められるものをいう。）を除く。以下「広大地」という。）の価額は、原則として、次に掲げる区分に従い、それぞれ次により計算した金額によって評価する。

(1) その広大地が路線価地域に所在する場合その広大地の面する路線の路線価に、15《奥行価格補正》から20－5《容積率の異なる2以上の地域にわたる宅地の評価》までの定めに代わるものとして次の算式により求めた広大地補正率を乗じて計算した価額にその広大地の地積を乗じて計算した金額

$$広大地補正率 = 0.6 - 0.05 \times \frac{広大地の地積}{1,000㎡}$$

(2) その広大地が倍率地域に所在する場合

　その広大地が標準的な間口距離及び奥行距離を有する宅地であるとした場合の1平方メートル当たりの価額を14《路線価》に定める路線価として、上記(1)に準じて計算した金額

(注) 1　本項本文に定める「公共公益的施設用地」とは、都市計画法第4条《定義》第14項に規定する道路、公園等の公共施設の用に供される土地及び都市計画法施行令（昭和44年政令第158号）第27条に掲げ

る教育施設、医療施設等の公益的施設の用に供される土地（その他これらに準ずる施設で、開発行為の許可を受けるために必要とされる施設の用に供される土地を含む。）をいうものとする。

2　本項（1）の「その広大地の面する路線の路線価」は、その路線が2以上ある場合には、原則として、その広大地が面する路線の路線価のうち最も高いものとする。

3　本項によって評価する広大地は、5,000㎡以下の地積のものとする。したがって、広大地補正率は0.35が下限となることに留意する。

4　本項（1）又は（2）により計算した価額が、その広大地を11《評価の方式》から21−2《倍率方式による評価》まで及び24−6《セットバックを必要とする宅地の評価》の定めにより評価した価額を上回る場合には、その広大地の価額は11から21−2まで及び24−6の定めによって評価することに留意する。

① **旧広大地通達の適用について**

旧広大地とは

・その地域における標準的な宅地の地積に比べて著しく地積が広大な宅地で、

・都市計画法に規定する開発行為を行うとした場合に、公共公益的施設用地として相当規模の負担が必要と認められるもの

をいいます。

　ただし、大規模工場用地に該当するもの及び中高層の集合住宅等の敷地用地に適しているもの（いわゆるマンション適地）は除かれます。

　評価対象地が広大地に該当するか否かについては、下記のフローチャートに従って判定します。

【広大地適用判断のフローチャート】

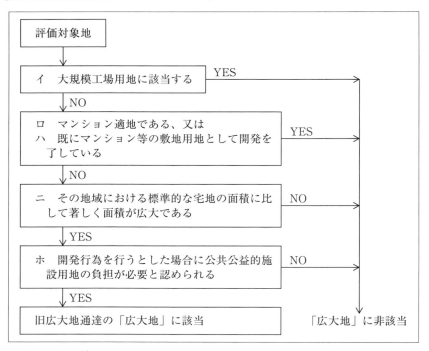

イ　大規模工場用地に該当するか否か

　　大規模工場用地とは、一団の工場用地の地積が5万㎡以上の土地をいいます。路線価地域においては、地区区分が「大工場地区」と定められた地域に所在するものに限られます。

　　「大規模工場用地」に該当する土地は、財産評価基本通達22《大規模工場用地の評価》から22-3《大規模工場用地の路線価及び倍率》において別途評価方法が定められているため、広大地として評価することはできません。

ロ　マンション適地に該当するか否か

　　マンション適地とは、評価対象地をマンション等（原則として地

上階数３以上のもので、分譲、賃貸は問いません。）の敷地として利用するのが経済的に最も合理的であり、最有効使用と認められる宅地をいいます。評価対象地がマンション適地かどうかは、その宅地の存する地域の標準的使用の状況を参考とすることとなります。

しかし、戸建住宅と中高層の集合住宅等が混在する地域（主に指定容積率が200％以下の地域）に所在する場合には、最有効使用の判定が困難な場合もあります。そこでこのような場合には、周囲の状況や専門家等の意見等から総合的に判断して明らかにマンション適地に該当すると判断できる場合を除いて、マンション適地には該当しないこととして差し支えないものとされています。

一方、指定容積率が300％以上の地域内に所在する場合には、戸建住宅の敷地用地として利用するよりもマンション等の敷地用地として利用する方が最有効使用と判断される場合が多いため、原則としてマンション適地に該当することになります。

地域によっては、指定容積率が300％以上でありながら、戸建住宅が多く存在する地域もありますが、このような地域は指定容積率を十分に活用しておらず、①将来的にその戸建住宅を取り壊したとすればマンション等が建築されるものと認められる地域か、あるいは、②例えば道路の幅員などの何らかの事情により指定容積率を活用することができない地域であると考えられます。

したがって、②のような例外的な場合を除き、評価対象地が存する地域の指定容積率が300％以上である場合には、マンション適地と判断することになります。

ハ　「既にマンション等の敷地用地として開発を了している」とは

既に開発を了しているマンション等の敷地など、現に広大な宅地として一体的に最有効使用されている宅地については、更に開発を

行う必要がありません。そのため、標準的な地積に比べて著しく広大な宅地であったとしても、原則として「広大地」には該当しないこととされています。

ただし、裁決事例が多数存在するとおり、既にマンションが建っていることだけを理由に広大地評価が適用できないというわけではありません。収益性や入居率、その他の要素を勘案し、その宅地が最有効使用されているかどうかを判断し、最有効使用ではない場合には、たとえ既にマンションが建っている宅地であっても広大地として評価する余地はあるものといえます。

こうした不明確な判断要素があることが、広大地評価の適用を難しいものとしていました。

ニ　著しく地積が広大か否か

「その地域における標準的な宅地の面積に比して著しく面積が広大である」かどうかについての判断基準としては、国税庁から一定の形式的基準が示されています（下記図）。原則として、評価対象地の地積が「都市計画法施行令第19条第1項及び第2項の規定に基づき各自治体が定める開発許可を要する面積基準（開発許可面積基準）以上」であれば、その地域の標準的な宅地に比して著しく地積が広大であると判断することができます。

ただし、評価対象地の地積が開発許可面積基準以上であっても、その地域の標準的な宅地の地積と同規模である場合は、広大地には該当しません。

例えば、評価対象地の地積が500㎡である場合、その地域における標準的な宅地の地積が100㎡であれば著しく広大と判定されますが、標準的な宅地の地積が500㎡であればその地域において標準であり、著しく広大とは判定されないこととなります。周囲の状況に

応じて総合的に判断する必要があり、また『その地域』とはどこまでなのか、そういった要素にも判断が必要となることが、より一層、広大地評価を困難なものとしてきました。

【広大地評価の面積基準のイメージ】

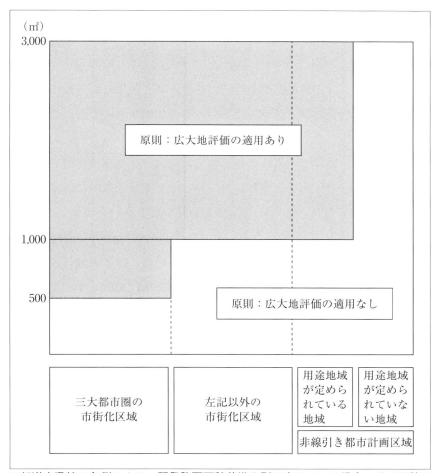

※都道府県等の条例により、開発許可面積基準を別に定めている場合はその面積によります。
※「非線引き都市計画区域」とは、市街化区域と市街化調整区域の区域区分が行われていない都市計画区域をいいます。

ホ　公共公益的施設用地の負担が必要と認められるか否か

　　旧広大地通達注書１において、公共公益的施設用地とは「都市計画法第４条《定義》第14項に規定する道路、公園等の公共施設の用に供される土地及び都市計画法施行令（昭和44年政令第158号）第27条に掲げる教育施設、医療施設の公益的施設の用に供される土地（その他これらに準ずる施設で、開発行為の許可を受けるために必要とされる施設の用に供される土地を含む。）をいうものとする。」と定められています。

　　つまり、一定規模の集団生活に必要なゴミ置場といった小規模なものから教育施設、医療施設といった大規模なものまで、これに該当することとなります。

　　しかし、国税庁の質疑応答事例では簡潔に「経済的に最も合理的に戸建住宅の分譲を行うとした場合にその開発区域内に道路（以下、「開発道路」といいます。）の開発が必要なものをいいます。」としています。また、「開発行為を行うとした場合に公共公益的施設用地の負担がほとんど生じないと認められる場合には広大地に該当しない」として、開発道路が必要でない事例を挙げています。

　　開発道路の必要性の判断は、具体的には評価対象地について経済的に最も合理的に戸建分譲を行うとした場合の開発想定図を作成し、これに基づき開発道路の必要性の有無を判断するのが合理的であると考えられます。

　　なお、評価対象地全体の面積に比して、公共公益的施設用地の負担がわずかである場合においても広大地評価を適用してもよいかが論点となりますが、これについては平成16年情報において「公共公益的施設用地の負担がほとんど生じないと認められる土地」を広大地に該当しない例示として挙げており、こうした土地については広

大地評価の適用はないものとされています。

　このように、個々の土地につき個別具体的な判断が必要とされる広大地評価ですが、上記ロ及びハ「マンション適地に該当するのかどうか」、上記ニ「その地域において著しく広大な地積に該当するのかどうか」、と共に、この開発道路の必要性についての判断も、これまで旧広大地通達の適用を難解なものとしてきました。

②　**旧広大地通達による評価方法**

　旧広大地の評価額は、次に掲げる区分に従い、それぞれ次により計算した金額とされています。

　イ　その広大地が路線価地域に所在する場合

旧広大地の評価額＝正面路線価×広大地補正率（※）×地積

※広大地補正率＝0.6－0.05× $\dfrac{地積}{1,000㎡}$

（注１）広大地補正率は0.35を下限とする。

（注２）広大地補正率は端数処理を行わない。

（注３）その広大地が２以上の路線に面する場合にはそのうち最も高い路線価を適用する。

　上記算式で見るとおり、旧広大地評価においては、地積に応じた評価額が算定されることとなり、評価対象地の形状は加味していません。これは旧広大地通達において、「（財産評価基本通達）15《奥行価格補正》から20－5《容積率の異なる２以上の地域にわたる宅地の評価》までの定めに代わるものとして」広大地補正率を使うものと定められているからです。

【広大地補正率と併用できない補正率】

財産評価基本通達に定める補正率	重複適用の可否
評基通15《奥行価格補正》	×
評基通16《側方路線影響加算》	×
評基通17《二方路線影響加算》	×
評基通18《三方又は四方路線影響加算》	×
評基通20《不整形地の評価》	×
評基通20－2《無道路地の評価》	×
評基通20－3《間口が狭小な宅地等の評価》	×
評基通20－4《がけ地等を有する宅地の評価》	×
評基通20－5《容積率の異なる2以上の地域にわたる宅地の評価》	×

【広大地の地積と広大地補正率の関係】

広大地の地積	広大地補正率
500㎡	0.575
1,000㎡	0.55
2,000㎡	0.50
3,000㎡	0.45
4,000㎡	0.40
5,000㎡	0.35

ロ　その広大地が倍率地域に所在する場合

> その広大地が標準的な間口及び奥行距離を有する宅地であるとした場合の1㎡当たりの価額を路線価として、上記イに準じて計算した金額

　ただし、上記イ又はロにより計算した評価額が、旧広大地通達を適用しないで計算した評価額を上回る場合には、後者の評価額によって評価します。

　具体的な評価方法については、次章以降をご参照ください。

2 新広大地について

（1）広大地通達の改正の趣旨

　旧広大地通達においては、広大地評価の適用要件があまりに不明瞭であり、しばしば納税者側と課税当局側との争点となってきました。

　そこで、新広大地通達では、個々の土地について個別に判断する必要がないよう、適用要件を画一的にし、明確化することとなりました。

　また、旧広大地通達においては、土地の面積に応じて比例的に減額する評価方法であったのに対し、市場での取引価額などの実情に鑑み、土地の形状を加味した評価方法へと改正されました。

　旧広大地通達の問題点を解決すべく、新広大地通達が導入されたということになります。

　改正後通達は、平成30年1月1日以後に相続、遺贈又は贈与により取得した財産の評価に適用されます。

（2）新広大地通達の概要

≪地積規模の大きな宅地の評価≫

20－2　地積規模の大きな宅地（三大都市圏においては500㎡以上の地積の宅地、それ以外の地域においては1,000㎡以上の地積の宅地をいい、次の（1）から（3）までのいずれかに該当するものを除く。以下本項において「地積規模の大きな宅地」という。）で14－2《地区》の定めにより普通商業・併用住宅地区及び普通住宅地区として定められた地域に所在するものの価額は、15《奥行価格補正》から前項までの定めにより計算した価額に、その宅地の地積の規模に応じ、次の算式により求めた規模格差補正率を乗じて計算した価額によって評価する。

（1）市街化調整区域（都市計画法第34条第10号又は第11号の規定に基づき宅地分譲に係る同法第4条《定義》第12項に規定する開発行為を行うことができる区域を除く。）に所在する宅地

（2）都市計画法第8条《地域地区》第1項第1号に規定する工業専用地域に所在する宅地

（3）容積率（建築基準法（昭和25年法律第201号）第52条《容積率》第1項

に規定する建築物の延べ面積の敷地面積に対する割合をいう。）が10分の40（東京都の特別区（地方自治法（昭和22年法律第67号）第281条《特別区》第１項に規定する特別区をいう。）においては10分の30）以上の地域に所在する宅地

算　式

$$規模格差補正率＝\frac{Ⓐ×Ⓑ＋Ⓒ}{地積規模の大きな宅地の地積Ⓐ}×0.8$$

　上の算式中の「Ⓑ」及び「Ⓒ」は、地積規模の大きな宅地が所在する地域に応じ、それぞれ次に掲げる表のとおりとする。

イ　三大都市圏に所在する宅地

地積㎡	地区区分　記号	普通商業・併用住宅地区、普通住宅地区	
		Ⓑ	Ⓒ
500以上　　1,000未満		0.95	25
1,000 〃　　3,000 〃		0.90	75
3,000 〃　　5,000 〃		0.85	225
5,000 〃		0.80	475

ロ　三大都市圏以外の地域に所在する宅地

地積㎡	地区区分　記号	普通商業・併用住宅地区、普通住宅地区	
		Ⓑ	Ⓒ
1,000以上　　3,000未満		0.90	100
3,000 〃　　5,000 〃		0.85	250
5,000 〃		0.80	500

（注）　1　上記算式により計算した規模格差補正率は、小数点以下第２位未満を切り捨てる。
　　　　2　「三大都市圏」とは、次の地域をいう。
　　　　イ　首都圏整備法（昭和31年法律第83号）第２条《定義》第３項に規定する既成市街地又は同条第４項に規定する近郊整備地帯
　　　　ロ　近畿圏整備法（昭和38年法律第129号）第２条《定義》第３項に規定する既成都市区域又は同条第４項に規定する近郊整備区域
　　　　ハ　中部圏開発整備法（昭和41年法律第102号）第２条《定義》第３項に規定する都市整備区域

① **新広大地通達の適用について**

改正後は、旧広大地通達は削除され、新広大地通達として「地積規模の大きな宅地の評価」が定められました。

そして、評価対象地が新広大地通達の適用対象となるかどうかについては、下記のとおり明確化されました。

判定基準	内容
地積規模の大きさ	・三大都市圏においては500㎡以上の地積であること ・それ以外の地域においては1,000㎡以上の地積であること
地区区分(※1)	財産評価基本通達14-2《地区》の定めにより ・普通商業・併用住宅地区 及び ・普通住宅地区 として定められた地域に所在すること
適用除外	・市街化調整区域に所在する宅地 　ただし、都市計画法第34条第10号又は第11号の規定に基づき、宅地分譲に係る開発行為を行うことができる区域を除く。 ・都市計画法第8条《地域地区》第1項第1号に規定する工業専用地域に所在する宅地 ・容積率について(※2) 　東京都の特別区においては300%以上の地域に所在する宅地 　それ以外の地域においては400%以上の地域に所在する宅地

（※1）　評価対象となる宅地の正面路線が2以上の地区にわたる場合には、当該宅地の過半の属する地区をもって、当該宅地の全部が所在する地区とされます。

（※2）　この容積率は指定容積率を意味しています。評価対象となる宅地が指定容積率の異なる2以上の地域にわたる場合には、建築基準法の考え方に基づき、各地域の指定容積率に、その宅地の当該地域内にある各部分の面積の敷地面積に対する割合を乗じて得たものの合計により容積率を判定するものとします。

このように上記**1**(3)①で解説したような、評価対象地がマンション適地に該当するのかどうか、その地域において著しく広大な地積に該当するのかどうか、開発道路が必要と認められるのかどうか、といった個別具体的な判断が不要となりました。

今後、適用に当たっての実務上の指針が新たに付加、展開されていくと考えられますが、現状のところ、新広大地通達が適用できる宅地、適用できない宅地の線引きは画一的で明確になったといえるでしょう。

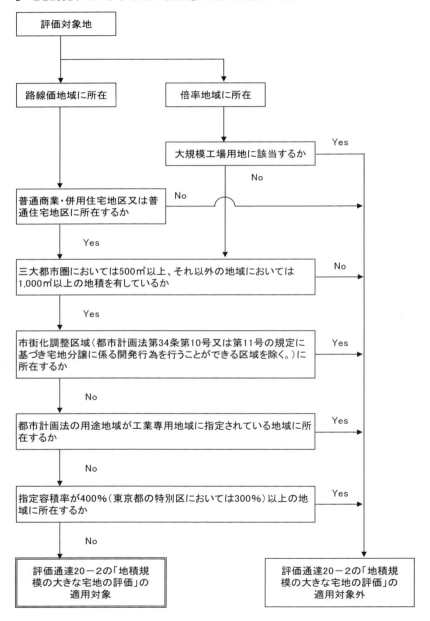

② 新広大地通達による評価方法

　広大地の評価額は、次に掲げる区分に従い、それぞれ次により計算した金額とされます。

イ　その広大地が路線価地域に所在する場合

> **新広大地の評価額**
> **＝正面路線価×各種補正率×規模格差補正率（※）×地積**
>
> ※規模格差補正率＝$\dfrac{Ⓐ×Ⓑ＋Ⓒ}{地積規模の大きな宅地の地積Ⓐ}×0.8$

　上記算式で見るとおり、新広大地評価においては、地積のみならず評価対象地の形状を加味した評価が行われることとなります。新広大地通達において、「（財産評価基本通達）15《奥行価格補正》から前項までの定めにより計算した価額に」規模格差補正率を乗じて計算するものと定められたからです。つまり、通常の土地評価の流れのなかに規模格差補正率を加えることとなりました。

【規模格差補正率と併用できる補正率】

財産評価基本通達に定める補正率	重複適用の可否
評基通15《奥行価格補正》	○
評基通16《側方路線影響加算》	○
評基通17《二方路線影響加算》	○
評基通18《三方又は四方路線影響加算》	○
評基通20《不整形地の評価》	○
評基通20−3《無道路地の評価》	○
評基通20−4《間口が狭小な宅地等の評価》	○
評基通20−5《がけ地等を有する宅地の評価》	○
評基通20−6《容積率の異なる2以上の地域にわたる宅地の評価》	○

ロ　その広大地が倍率地域に所在する場合

> 改正後財産評価基本通達21－2《倍率方式による評価》により計算した評価額とする。

　　ただし、その評価対象地が標準的な間口及び奥行距離を有する宅地であるとした場合の1㎡当たりの価額を路線価とし、かつ、その宅地が普通住宅地区に所在するものとして、上記イに準じて計算した金額より、改正後財産評価基本通達21－2《倍率方式による評価》により計算した評価額（ロ）が上回る場合には、前者の評価額（上記イに準じて計算した金額）によって評価します。

　　具体的な評価方法については、次章以降をご参照ください。

3 旧広大地通達と新広大地通達の比較

（1）適用要件の明確化による比較

　新広大地通達において、明確な適用基準が示された結果、旧広大地通達においては広大地評価できなかった宅地等についても、地積規模の大きな宅地として新広大地通達を適用できる可能性がみえてきました。

【適用可否の例示】

評価対象地の状況	旧広大地通達	新広大地通達
既にマンションや貸店舗が建築され、高い収益性をもつ宅地（既に最有効使用されていると認められる宅地）	×	○
東京都の特別区において容積率が250%で、周辺に戸建住宅とマンションが混在する地域に所在する宅地	△	○
三大都市圏において地積が500㎡の宅地（その地域における標準的な地積は500㎡である）	×	○
公共公益的施設用地の負担がほとんど生じない宅地（羊羹型の宅地、二方、三方、四方に道路があり開発道路が不要な宅地、路地状開発が可能な宅地、など）	×	○

　上記の表はあくまで例示ですので、記載されている以外の通達の適用要件はすべて満たしているものとし、見解としては原則的な考え方を記載しています。

（2）広大地補正率と規模格差補正率との比較

　規模格差補正率については、他の各種補正率との併用が可能ですので、単純に広大地補正率と規模格差補正率との比較では広大地評価額の比較はできません。個別に各種補正率も併用した評価額の算定が必要となり

ますが、整形地を前提とした場合の大まかな目安として下記に比較した表を掲載します。

① 三大都市圏

地積	広大地補正率	規模格差補正率	上昇率
500㎡	0.575	0.80	39%
1,000㎡	0.55	0.78	41%
2,000㎡	0.50	0.75	50%
3,000㎡	0.45	0.74	64%
4,000㎡	0.40	0.72	80%
5,000㎡	0.35	0.71	102%

② 三大都市圏以外

地積	広大地補正率	規模格差補正率	上昇率
1,000㎡	0.55	0.80	45%
2,000㎡	0.50	0.76	52%
3,000㎡	0.45	0.74	64%
4,000㎡	0.40	0.73	82%
5,000㎡	0.35	0.72	105%

（3）比較の結果

　上記（1）で新旧広大地通達を比較した結果、適用の可否について再度、確認をする必要が生じています。

　まず、広大地評価が適用できると思っていたのに適用できなくなる例については、多額の納税資金が必要となるリスクが生じます。そのため、事前に売却や賃貸物件の建築等を含めた、相続対策が必要となります。

　また、適用できないと思っていたのに適用できることとなる例については、相続開始前に納税資金を作るために慌てて売り急ぐ必要が低くなりますので、相続が発生し、次世代に土地が引き継がれてから、改めて最大限に有効な活用方法を検討するという余裕が生じます。

さらに上記（**2**）では、新旧で相当の評価額の差異が生じることが明確になりました。整形地であればあるほど、そして地積が大きくなればなるほど、旧広大地評価額に比べ、新広大地評価額の上昇率が大きくなります。

　よって、新旧広大地通達のいずれかにおいてでも広大地評価の対象となりうる土地については、その相続税評価額の改めての試算が大変重要となってくるといえるでしょう。

4 適用に関する留意点

（1）適用可否の判断

① 改正前の広大地評価における適用可否判断

　改正前の広大地評価の適用を受けるかどうかの判断においては、次の3点がその判断基準とされていました。

【旧広大地評価適用の判断基準】

イ　著しく地積が広大な宅地であるか。

ロ　開発行為を行うとした場合に公共公益的施設用地の負担が必要と認められるか。

ハ　大規模工場用地及びいわゆるマンション適地に当たらないか。

　まず、上記イの「著しく広大な地積かどうか」について、財産評価基本通達には下限地積の明記はなく、都市計画法や都道府県の条例等に基づく開発許可面積基準以上かどうかが基準とされていたため、例えば500㎡未満であっても広大地の評価適用を受ける宅地が存在していたことになります。

　また、上記ロとハについては、大規模工場用地に該当するかどうかについては財産評価基本通達によりある程度形式的に判断できるものの、その土地の最有効使用が戸建て開発であるかどうか、及び、戸建て開発図面を引いた場合に潰れ地が生じるかどうかについては、判断する者によって見解が分かれることが起きがちです。

　したがって、納税者及び税理士だけでは判断がつかず、不動産鑑定士等にその意見を求め、その意見書を添付して申告書を提出したとしても、課税当局側または課税当局側が採用した不動産鑑定士等との見

解が相違するという事態が生じることもありました。

　つまり、判断基準の上記イ、ロ、ハのいずれにおいても、財産評価基本通達における判断基準の曖昧さがしばしば問題視されていたわけです。

② **改正後の広大地評価における適用可否判断**

　改正後における地積規模の大きな宅地の評価においては、改正前の広大地評価における適用要件の曖昧さの排除が行われているといえます。

イ　面積基準の明記

　改正後では、地積規模の大きな宅地の定義として、三大都市圏では500㎡以上、それ以外の地域では1,000㎡以上の宅地と明記されています。

ロ　適用除外の明記

　改正後では、地積規模の大きな宅地から除外される宅地について形式的に判断しやすいようにその基準が明記されています。

（イ）市街化調整区域に所在する宅地[注1]

（ロ）都市計画法で定める工業専用地域に所在する宅地

（ハ）容積率[注2]が400％以上（東京都特別区の場合には300％以上）の地域に所在する宅地

　　（注1）　（イ）の市街化調整区域に所在する宅地であっても、都市計画法第34条第10号又は第11号の規定に基づき宅地分譲にかかる開発行為ができる区域に所在する宅地については、適用除外に含まれていません。つまり、市街化調整区域に存する宅地であっても、宅地分譲開発が可能な区域に所在する宅地については、適用対象となる可能性があります。

　　（注2）　この場合の容積率はいわゆる指定容積率によるものとされています。つまり、容積率の判断においても「形式的判断ができること」が重要視されたといえます。

ハ　地区区分の明記

　改正後では、普通商業・併用住宅及び普通住宅地区に所在する宅地のみが適用対象であることが明記されています。

　なお、上記ロ（イ）（注1）において適用を受けられる市街化調整区域に所在する宅地については、普通住宅地区に所在するものとして取り扱うこととされています。

　上記のとおり、改正後の通達によれば、地積規模の大きな宅地の評価適用に当たっては、ある程度形式的・画一的な判断が行えるようになることが想定されます。

（2）重複適用が可能な補正率等

　改正前の広大地評価においては、「路線価（正面のみ）・地積・広大地補正率」という3つの要素のみを用いて評価額を計算することとされていました。

　つまり、上記**（1）**①に掲げる判断基準に基づき「広大地」に当たると判断された場合には、一般的な（広大地に当たらない）土地評価の流れとは切り離され、わずか3要素のみで計算することとなるため、他の補正率等を併用することはできませんでした。

　また、広大な市街地農地等を広大地に準じて評価する場合には、一般的な（広大地に当たらない）農地評価とは異なり、造成費の控除をすることもできませんでした。

　（ただし、広大地評価を適用して計算した評価額が、一般的な（広大地に当たらない）土地として評価した場合の評価額、つまり、不整形地補正や造成費等の減額を適用して計算された評価額を上回った場合には、一般的な土地としての評価額が採用されることとなっていました。）

　これに対し改正後は、「地積規模の大きな宅地」を一連の土地評価の

流れから切り離す形式を採っていません。

　つまり、地積規模の大きな宅地の評価に適用される「規模格差補正率」は、他の補正率と併記して取り扱われており、一般的な土地評価の流れの中に内包されることとなります。

　したがって、不整形地補正率その他の補正率との併用が可能となり、セットバックや造成費の減額も重ねて適用することができるようになる反面、側方路線価や裏面路線価の加重も行われることとなります。

　広大地補正率または規模格差補正率と他の補正率等との併用可否をまとめると下記のとおりとなります。

【他の補正率等との併用可否】

財産評価基本通達 （改正前）	財産評価基本通達 （改正後）	改正前 （広大地）	改正後 （地積規模の 大きな宅地）
15　奥行価格補正	15　奥行価格補正	×	○
16　側方路線影響加算	16　側方路線影響加算	×	○
17　二方路線影響加算	17　二方路線影響加算	×	○
18　三方又は四方路線影響加算	18　三方又は四方路線影響加算	×	○
20　不整形地の評価	20　不整形地の評価	×	○
（新設）	20－2　地積規模の大きな宅地の評価	－	－
20－2　無道路地の評価	20－3　無道路地の評価	×	○
20－3　間口が狭小な宅地等の評価	20－4　間口が狭小な宅地等の評価	×	○
20－4　がけ地等を有する宅地の評価	20－5　がけ地等を有する宅地の評価	×	○
20－5　容積率の異なる2以上の地域にわたる宅地の評価	20－6　容積率の異なる2以上の地域にわたる宅地の評価	×	○
22　大規模工場用地の評価	22　大規模工場用地の評価	×	×

24－4　広大地の評価	（削除）	―	―
24－6　セットバックを必要とする宅地の評価	24－6　セットバックを必要とする宅地の評価	×	○
24－7　都市計画道路予定地の区域内にある宅地の評価	24－7　都市計画道路予定地の区域内にある宅地の評価	○	○
40　市街地農地の評価	40　市街地農地の評価	×	○ （造成費）
40－2　広大な市街地農地等の評価	（削除）	―	―
49　市街地山林の評価	49　市街地山林の評価	×	○ （造成費）
49－2　広大な市街地山林の評価	（削除）	―	―
58－3　市街地原野の評価	58－3　市街地原野の評価	×	○ （造成費）
58－4　広大な市街地原野の評価	（削除）	―	―

5 改正の影響

（1） 路線価地域に存する宅地に与える影響

　単純に、広大地補正率と規模格差補正率を比較すると、規模格差補正率による減額割合が大幅に減少するため評価減の効果が少なくなると考えられますが、上記 **4** （2）のとおり、改正後は規模格差補正率と他の補正率との併用が可能になりますので、正面道路にのみ一部で接していて著しく地形が不整形な宅地等については、改正による評価増の影響が抑えられる、または逆に減額割合が増加する可能性があります。

　また、例えば戸建て開発をしたとしても潰れ地が出ないような道路付きも地形もよい宅地であるため、改正前は広大地と認められなかった宅地であっても、普通商業・併用住宅及び普通住宅地区に所在する宅地でかつ容積率要件を満たすのであれば、規模格差補正率として少なくとも20％の減額が新たに取れるようになるため、むしろ改正後のほうが評価額が低くなる可能性もあります。

（2） 市街化調整区域に存する宅地に与える影響

　改正後の通達においては、地積規模の大きな宅地から市街化調整区域に所在する宅地が除外されていますが、括弧書きで「都市計画法第34条第10号又は第11号の規定に基づき宅地分譲にかかる開発行為を行うことができる区域に所在する宅地」を適用除外から除外していますので、市街化調整区域に存する宅地であっても、宅地分譲開発が可能な区域に所在する宅地については、地積規模の大きな宅地の判断において俎上に上ることとなります。

　改正後の通達を一見すると「市街化調整区域を除く」とありますので、市街化調整区域に所在する宅地は地積規模について評価上全く考慮され

なくなってしまうのではないか、という疑念が生じるかもしれませんが、改正前の広大地評価においても、「市街化調整区域に所在する宅地については原則として対象外、ただし、都市計画法や都道府県等の条例の内容により戸建分譲を目的とした開発行為を行うことができる場合には対象」とされていましたので、市街化調整区域については従来と同様の取扱いが踏襲されるものと考えられます。

(3) 市街地農地に与える影響

　市街地農地の場合は、宅地よりも地積が大きいことが一般的です。広大地補正率と規模格差補正率は、地積が大きければ大きいほど改正前後の減額割合が大きく乖離することとなりますので、今回の改正が市街地農地に与える影響は大きいといえます。

　例えば、三大都市圏に所在する5,000㎡の宅地があった場合、広大地補正率は0.35となりますが、規模格差補正率は0.71となりますので、改正後は評価減額の効果が大きく失われてしまうことになります。

　なお、規模格差補正率の場合には、不整形地補正率等も併用できますが、不整形地補正率は面積の大きな土地について減額割合が低くなるように設定されています。

　例えば、普通住宅地区において「かげ地割合」が50％の不整形地の場合、地積が500㎡の土地に適用される不整形地補正率は0.82ですが、5,000㎡の土地に適用される不整形地補正率は0.87になりますので、地積の大きい土地ほど不整形地補正率による減額割合は不利となってしまいます。

　また、規模格差補正率の場合には、さらに造成費を控除することができますが、市街地農地の場合には平坦地であることが多く整地費しか控除できないとなると、1㎡当たりの単価から控除できる額はわずか数百円程度です。

三大都市圏（普通住宅地区）に所在する500㎡の土地と5,000㎡の土地に適用される補正率を比較すると下記のとおりとなります。

【500㎡の土地と5,000㎡の土地（かげ地割合50%）の比較】

	A広大地補正率	B不整形補正率 （普通住宅地区）	C規模格差補正率 （三大都市圏）	B×C
500㎡	0.575	0.82	0.80	0.656
5,000㎡	0.35	0.87	0.71	0.6177

（端数処理未考慮）

■500㎡の土地　　　　0.575→0.656　　∴0.081　評価額上昇

■5,000㎡の土地　　　0.35→0.6177　　∴0.2677　評価額上昇

　このように、地積が大きい土地ほど広大地補正率が廃止されることの影響が大きく、市街地農地はその最たるものといっても過言ではありません。市街地農地については、生産緑地の解除も含めた生前の売却や有効活用、農業後継者がいる場合の納税猶予の適用是非など生前に対策をたてることの重要性が、今後一層増すものと考えられます。

（4）市街地山林・市街地原野に与える影響

　市街地山林・市街地原野については、市街地農地と同様の取扱いとなりますが、市街地山林・市街地原野については傾斜地であることが多いため、1㎡当たりの造成費が大きく見積もられることによって、市街地農地ほど改正による評価増額の影響は受けない、という考え方もあります。

　しかしながら、造成費の見積りも容易ではないため、判断によっては「財産評価基本通達により評価することが著しく不適当と認められる」として、不動産鑑定士による時価鑑定額に基づき市街地山林・市街地原野を評価する、というケースが今後増えることも考えられます。

第3章

土地の形状による
新旧評価
シミュレーション

1 奥行き通常の土地

　ここでは、奥行き通常の整形地について、改正前における評価額及び改正後における評価額をそれぞれ算定し、両者を比較した結果、相違点を明らかにします。

　＜事例1-1＞では土地の面積が500㎡、＜事例1-2＞では土地の面積が4,000㎡のケースを想定し、それぞれの改正前後の評価額を算定します。その後、改正前後の相違点を明らかにし、最後に＜事例1-1＞と＜事例1-2＞の比較とまとめを行います。

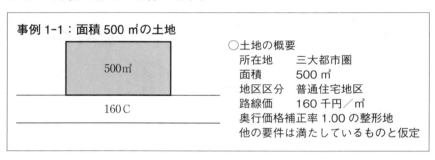

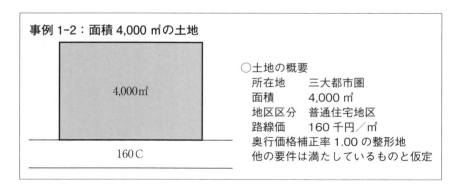

改正前の評価額

　広大地が路線価地域に所在する場合の評価方法は、旧広大地通達では以下のとおりでした。

> ### 正面路線価×広大地補正率（※）×地積
> ※　（0.6－0.05×広大地の地積÷1,000㎡）

事例1-1：面積500㎡の土地

評価額：46,000,000円

① 正面路線価
　　160,000円
② 広大地補正率
　　0.6－0.05×500㎡／1,000㎡＝0.575
③ 評価額
　　160,000円×0.575×500㎡＝46,000,000円

事例1-2：面積4,000㎡の土地

評価額：256,000,000円

① 正面路線価
　　160,000円
② 広大地補正率
　　0.6－0.05×4,000㎡／1,000㎡＝0.4
③ 評価額
　　160,000円×0.4×4,000㎡＝256,000,000円

改正後の評価額

　広大地が三大都市圏に所在する場合の評価方法は、新広大地通達においては以下のとおりです。

正面路線価×各種補正率×地積×規模格差補正率

事例1-1：面積500㎡の土地

評価額：64,000,000円

① 正面路線価
160,000円
② 奥行価格補正率　※改正後の奥行価格補正率を使用
1.00
③ 1㎡当たりの価額
160,000円×1.00＝160,000円
④ 1㎡当たりの価額×地積
160,000円×500㎡＝80,000,000円
⑤ 規模格差補正率
{(500㎡×0.95＋25)／500㎡}×0.8＝0.8
⑥ 評価額
80,000,000円×0.8＝64,000,000円

事例1-2：面積4,000㎡の土地

評価額：460,800,000円

① 正面路線価
160,000円
② 奥行価格補正率　※改正後の奥行価格補正率を使用
1.00
③ 1㎡当たりの価額
160,000円×1.00＝160,000円
④ 1㎡当たりの価額×地積
160,000円×4,000㎡＝640,000,000円
⑤ 規模格差補正率
{(4,000㎡×0.85＋225)／4,000㎡}×0.8＝0.72
⑥ 評価額
640,000,000円×0.72＝460,800,000円

改正前後の相違点

（1）改正前後の相違点

①　＜事例1-1＞における改正前後の相違点

　＜事例1-1＞のケースでは、改正前の評価額は46,000,000円、改正後の評価額は、64,000,000円となります。改正後の評価額が増加した要因は、広大地補正率（0.575）が規模格差補正率（0.8）に変化したことによるものです。なお、改正による増加割合は、約39％となります。

②　＜事例1-2＞における改正前後の相違点

　＜事例1-2＞のケースでは、改正前の評価額は256,000,000円、改正後の評価額は、460,800,000円となります。改正後の評価額が増加した要因は、広大地補正率（0.4）が規模格差補正率（0.72）に変化したことによるものです。なお、改正による増加割合は、約80％となります。

（2）＜事例1-1＞と＜事例1-2＞の比較とまとめ

　上記の結果により、奥行価格補正率1.00の整形地の広大地評価額に関しては、改正後に増加することがわかります。増加の要因は、広大地補正率よりも、規模格差補正率が高くなったためです。

　通常、広大地補正率より規模格差補正率は高い傾向があり、改正により奥行き通常の整形地の広大地評価額は、増加することが予想されます。また、改正による＜事例1-1＞の増加割合は39％、＜事例1-2＞の増加割合は80％であり、本件のような場合には、全体面積が大きくなるにつれて評価額の増加割合も上昇することも見込まれます。

　以上のことから、本改正により、奥行価格補正率1.00の整形地の広大地評価額は、一般的に増加することが想定され、またその面積が大きくなるにつれて評価額の増加割合も上昇すると解されます。

2 奥行きの長い土地

　ここでは、奥行き通常の土地と、奥行きの長い土地について、改正前における評価額及び改正後における評価額をそれぞれ評価し、両者を比較した結果、相違点を明らかにします。

　＜事例2-1＞では奥行き通常の土地、＜事例2-2＞では奥行きの長い土地のケースを想定し、それぞれ改正前後の評価額を計算します。その後、改正前後の相違点を明らかにし、最後に＜事例2-1＞と＜事例2-2＞の比較とまとめを行います。

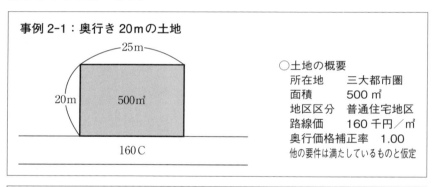

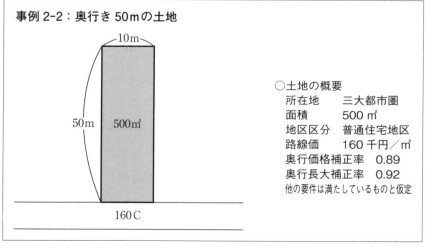

改正前の評価額

　旧広大地通達で定められていた広大地評価の計算式（正面路線価 × 広大地補正率×地積）に、本事例を当てはめると、下記のとおりになります。

事例2-1：奥行き20mの土地

評価額：46,000,000円

① 　正面路線価
　　　160,000円
② 　広大地補正率
　　　0.6－0.05×500㎡／1,000㎡＝0.575
③ 　評価額
　　　160,000円×0.575×500㎡＝46,000,000円

事例2-2：奥行き50mの土地

評価額：46,000,000円

① 　正面路線価
　　　160,000円
② 　広大地補正率
　　　0.6－0.05×500㎡／1,000㎡＝0.575
③ 　評価額
　　　160,000円×0.575×500㎡＝46,000,000円

改正後の評価額

　広大地が三大都市圏に所在する場合の評価方法は、新広大地通達では、以下のとおりです。

正面路線価×各種補正率×地積×規模格差補正率

事例2-1：奥行き20mの土地

評価額：64,000,000円

① 正面路線価
　160,000円
② 奥行価格補正率　※改正後の奥行価格補正率を使用
　1.00
③ 1㎡当たりの価額
　160,000円×1.00＝160,000円
④ 1㎡当たりの価額×地積
　160,000円×500㎡＝80,000,000円
⑤ 規模格差補正率
　{(500㎡×0.95＋25)／500㎡}×0.8＝0.8
⑥ 評価額
　80,000,000円×0.8＝64,000,000円

事例2-2：奥行き50mの土地

評価額：52,403,200円

① 正面路線価
　160,000円
② 補正率　※改正後の補正率を使用
　奥行価格補正率　0.89
　奥行長大補正率　0.92
③ 1㎡当たりの価額
　160,000円×0.89×0.92＝131,008円
④ 1㎡当たりの価額×地積
　131,008円×500㎡＝65,504,000円
⑤ 規模格差補正率
　{(500㎡×0.95＋25)／500㎡}×0.8＝0.8
⑥ 評価額
　65,504,000円×0.8＝52,403,200円

改正前後の相違点

（1）改正前後の相違点

①　＜事例2-1＞における改正前後の相違点

　＜事例2-1＞のケースでは、改正前の評価額は46,000,000円、改正後の評価額は、64,000,000円となります。評価額が増加した要因は、広大地補正率（0.575）が規模格差補正率（0.8）へと変更された点です。

　また、改正による増加割合は約39％となります。

②　＜事例2-2＞における改正前後の相違点

　＜事例2-2＞のケースでは、改正前の評価額は46,000,000円、改正後の評価額は、52,403,200円となります。評価額が変化した要因は、広大地補正率（0.575）が規模格差補正率（0.8）へと変更された点、それに奥行価格補正率（0.89）及び奥行長大補正率（0.92）が加味された点の3点です。

　また、改正による増加割合は約14％となります。

（2）＜事例2-1＞と＜事例2-2＞の比較とまとめ

　改正後の＜事例2-1＞の評価額と＜事例2-2＞の評価額を比較すると、＜事例2-2＞のほうが評価額は低くなります。この要因は、＜事例2-2＞は奥行きが長い土地であることから、評価額の計算上、奥行価格補正率（0.89）及び奥行長大補正率（0.92）が加味されるためです。

　今回の改正により広大地の形状（不整形・奥行）も評価額計算に織り込まれることとなりました。その結果、奥行きの長い土地や不整形地などに関しては奥行価格補正率等が加味され、評価額を減少させる要因となります。

3 羊羹切りの土地（間口が長い土地）

ここでは、羊羹切りの土地に該当する広大地について、改正前の評価額と改正後の評価額をそれぞれ算定し、両者を比較した結果、相違点を検討します。

羊羹切りの土地とは、道路に沿って、間口が広く、間口が奥行きの数倍はある土地であり、具体的には下記＜事例3-1＞のような土地が挙げられます。＜事例3-1＞の土地は、例えば羊羹のように縦に区切ることで、戸建分譲用地として売却できる土地で、公共公益的施設用地（道路など）の負担が必要とされないものを前提としています。

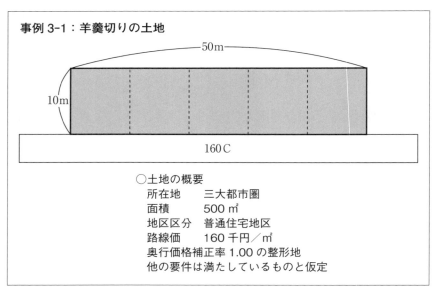

事例3-1：羊羹切りの土地

○土地の概要
　所在地　　三大都市圏
　面積　　　500㎡
　地区区分　普通住宅地区
　路線価　　160千円／㎡
　奥行価格補正率1.00の整形地
　他の要件は満たしているものと仮定

第3章　土地の形状による新旧評価シミュレーション　　55

改正前の評価額

事例3-1：羊羹切りの土地

評価額：80,000,000円

① 正面路線価
　　160,000円
② 奥行価格補正率
　　1.00
③ 1㎡当たりの価額
　　160,000円×1.00＝160,000円
④ 評価額
　　160,000円×500㎡＝80,000,000円

　＜事例3-1＞の土地は、旧広大地通達においては広大地の対象となる土地に該当しません。

　したがって、評価額は、通常の土地の評価方法と同じく、「路線価 × 奥行価格補正率×地積（160,000円×1.00×500㎡）」で計算されます。広大地に該当しない理由は、旧広大地通達より明らかです。

　旧広大地通達では、広大地の対象となる土地について、以下のように規定されていました。

　下線部に着目すると、広大地とは、開発行為を行うとした場合に公共公益的施設用地の負担が必要と認められるもの（例えば、その土地に道路を通さなければ当該土地の有効的な活用は困難であると考えられる土地等）でなければ、広大地には該当しないと解されます。＜事例3-1＞では、公共公益的施設用地の負担なしに、土地の有効活用ができることから、旧広大地通達の適用対象には該当しないということになります。

≪広大地の評価≫

24－4　その地域における標準的な宅地の地積に比して著しく地積が広大な宅地で都市計画法第4条《定義》第12項に規定する開発行為（以下本項において「開発行為」という。）を行うとした場合に公共公益的施設用地の負担が必要と認められるもの（22－2《大規模工場用地》に定める大規模工場用地に該当するもの及び中高層の集合住宅等の敷地用地に適しているもの（その宅地について、経済的に最も合理的であると認められる開発行為が中高層の集合住宅等を建築することを目的とするものであると認められるものをいう。）を除く。以下「広大地」という。）の価額は、原則として、次に掲げる区分に従い、それぞれ次により計算した金額によって評価する。

第3章　土地の形状による新旧評価シミュレーション　57

改正後の評価額

事例3-1：羊羹切りの土地

評価額：64,000,000円

① 正面路線価
160,000円
② 奥行価格補正率　※改正後の奥行価格補正率を使用
1.00
③ 1㎡当たりの価額
160,000円×1.00＝160,000円
④ 1㎡当たりの価額×地積
160,000円×500㎡＝80,000,000円
⑤ 規模格差補正率
｛(500㎡×0.95＋25)／500㎡｝×0.8＝0.8
⑥ 評価額
80,000,000円×0.8＝64,000,000円

改正後、＜事例3-1＞の土地は「地積規模の大きな宅地の評価」の適用対象（新広大地）となります。

したがって、評価額は、「路線価×奥行価格補正率 × 地積 × 規模格差補正率」で算出されます。

また、新広大地の定義は財産評価基本通達20－2で新設され、その内容は以下のとおりです。

≪地積規模の大きな宅地の評価≫
20－2　地積規模の大きな宅地（三大都市圏においては500㎡以上の地積の宅地、それ以外の地域においては1,000㎡以上の地積の宅地をいい、次の (1) から (3) までのいずれかに該当するものを除く。以下本項において「地積規模の大きな宅地」という。）で14－2《地区》の定めにより普通商業・併用住宅地区及び普通住宅地区として定められた地域に所在するものの価額は、15《奥行価格補正》から前項までの定めにより計算した価額に、その宅地の地積の規模に応じ、次の算式により求めた規模格差補正率を乗じて計算した価額によって評価する。

(1) 市街化調整区域（都市計画法第34条第10号又は第11号の規定に基づき宅地分譲に係る同法第4条《定義》第12項に規定する開発行為を行うことができる区域を除く。）に所在する宅地
(2) 都市計画法第8条《地域地区》第1項第1号に規定する工業専用地域に所在する宅地
(3) 容積率（建築基準法（昭和25年法律第201号）第52条《容積率》第1項に規定する建築物の延べ面積の敷地面積に対する割合をいう。）が10分の40（東京都の特別区（地方自治法（昭和22年法律第67号）第281条《特別区》第1項に規定する特別区をいう。）においては10分の30）以上の地域に所在する宅地

　＜事例3-1＞の土地は、三大都市圏に所在する500㎡の土地であり、上記の財産評価基本通達20－2(1)〜(3)には該当しないことを条件に、新広大地に該当することとなります。

改正前後の相違点

（1）＜事例3-1＞における改正前後の相違点

＜事例3-1＞のケースでは、改正前の評価額は80,000,000円、改正後の評価額は、64,000,000円となりました。評価額が減少した要因は、改正前の土地は広大地とは認められず、旧広大地通達による広大地補正率が適用できませんでしたが、改正後は新広大地として評価額の計算上、新広大地通達による規模格差補正率が適用されることとなったためです。

（2）まとめ

＜事例3-1＞のケースの土地は、改正前は広大地として認められませんでしたが、改正後には新広大地（地積規模の大きな宅地）に該当することとなりました。

その結果、従前は広大地補正率が使えずに通常の評価をしていたところ、それに規模格差補正率を加味することとなった分、土地の評価額は減少することとなりました。

開発道路を通す必要がない地形のために、従前は旧広大地としての評価減をとれなかった土地について、改正により、新広大地の定義に当てはまれば規模格差補正率により一定の評価減がとれる可能性が広がったといえるでしょう。

4 既にマンション等の敷地として最有効利用されている土地

ここでは、既にマンションやスーパーマーケットなど大規模店舗等の敷地として最有効利用されている広大地について、改正前における評価額及び改正後における評価額を比較し、その相違点を検討します。

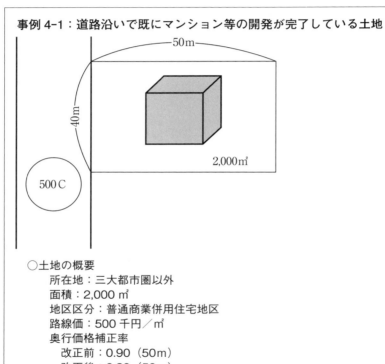

事例4-1：道路沿いで既にマンション等の開発が完了している土地

○土地の概要
　所在地：三大都市圏以外
　面積：2,000 ㎡
　地区区分：普通商業併用住宅地区
　路線価：500 千円／㎡
　奥行価格補正率
　　改正前：0.90（50m）
　　改正後：0.89（50m）
　借家権割合：30%（賃貸割合100%）
　借地権割合：70%
　既にマンション等の敷地として最有効利用されている
　他の要件は満たしているものと仮定

改正前の評価額

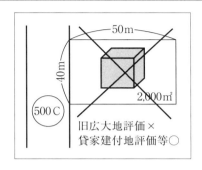

事例4-1：道路沿いで既にマンション等の開発が完了している土地

評価額：711,000,000円

① 正面路線価
　　500,000円
② 奥行価格補正率
　　0.90
③ 1㎡当たりの価額
　　500,000円×0.90＝450,000円
④ 自用地評価額
　　450,000円×2,000㎡＝900,000,000円
⑤ 貸家建付地評価額
　　900,000,000円×(1－0.7×0.3)＝711,000,000円

　旧広大地の評価方法を定める財産評価基本通達24－4は、広大地に該当しない土地の条件として「中高層の集合住宅等の敷地用地に適しているもの（省略）を除く。」と規定しており、これに関しては平成17年6月17日付資産評価企画官情報第1号（広大地の判定に当たり留意すべき事項（情報））により具体的な例示として、既に開発が完了しているマンション等の敷地用地、現に有効利用されている大規模店舗等の敷地が挙げられています。

したがって、旧広大地通達によれば、既にマンション等の敷地として最有効利用されている土地については広大地評価を適用する事が出来ませんでした。

改正後の評価額

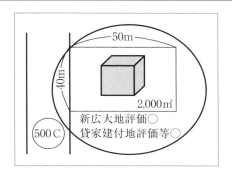

事例4-1：道路沿いで既にマンション等の開発が完了している土地

評価額：534,356,000円

① 正面路線価
　　500,000円
② 奥行価格補正率　※改正後の奥行価格補正率を使用
　　0.89
③ 1㎡当たりの価額
　　500,000円×0.89＝445,000円
④ 1㎡当たりの価額×地積
　　445,000円×2,000㎡＝890,000,000円
⑤ 規模格差補正率
　　{(2,000㎡×0.90＋100)／2,000㎡}×0.8＝0.76
⑥ 自用地評価額
　　890,000,000円×0.76＝676,400,000円
⑦ 貸家建付地評価額
　　676,400,000円×(1－0.7×0.3)＝534,356,000円

　改正後の新広大地の評価（地積規模の大きな宅地の評価）について定める財産評価基本通達20－2では、適用判断基準としての「既に最有効利用されている土地の除外」についての記述が削除されているため、改正後の財産評価基本通達では、既に最有効利用されている土地についても新広大地評価を適用する事が可能となり、さらには、貸家建付地等の評価も合わせて適用する事が出来ると考えられます。

改正前後の相違点

（1）改正前後の財産評価基本通達

改正前	≪広大地の評価≫ 24－4　その地域における標準的な宅地の地積に比して著しく地積が広大な宅地で都市計画法第４条《定義》第12項に規定する開発行為（以下本項において「開発行為」という。）を行うとした場合に公共公益的施設用地の負担が必要と認められるもの（22－2《大規模工場用地》に定める大規模工場用地に該当するもの及び中高層の集合住宅等の敷地用地に適しているもの（その宅地について、経済的に最も合理的であると認められる開発行為が中高層の集合住宅等を建築することを目的とするものであると認められるものをいう。）を除く。以下「広大地」という。）の価額は、原則として、次に掲げる区分に従い、それぞれ次により計算した金額によって評価する。

⇒広大地に該当しない土地の条件の記述がありました。

改正後	≪地積規模の大きな宅地の評価≫ 20－2　地積規模の大きな宅地（三大都市圏においては500㎡以上の地積の宅地、それ以外の地域においては1,000㎡以上の地積の宅地をいい、次の（1）から（3）までのいずれかに該当するものを除く。以下本項において「地積規模の大きな宅地」という。）で14－2《地区》の定めにより普通商業・併用住宅地区及び普通住宅地区として定められた地域に所在するものの価額は、15《奥行価格補正》から前項までの定めにより計算した価額に、その宅地の地積の規模に応じ、次の算式により求めた規模格差補正率を乗じて計算した価額によって評価する。

⇒広大地に該当しない土地の条件の記述がなくなりました。

（2）まとめ

　今回の改正により、既にマンションの開発が完了している土地など、改正前は旧広大地評価を適用する事が出来なかった土地についても、容積率400％（三大都市圏の場合には300％）未満などの要件をクリアすれば新広大地評価を適用する事が可能となっています。

　実務上は、広大地の適用の可否について頭を悩ませることが多かった

事例ですが、広大地の適用可否についての要件が明確化された事により、改正後は確実性の高い相続税の試算などを行う事が可能となり、納税者の納税資金に対する不安の解消に役立つのではないでしょうか。

5 セットバックのあるケース

　ここでは、建築基準法第42条第2項に規定する道路で、セットバックの対象となる道路に面している土地について、改正前における評価額及び改正後における評価額を比較し、その相違点を検討します。

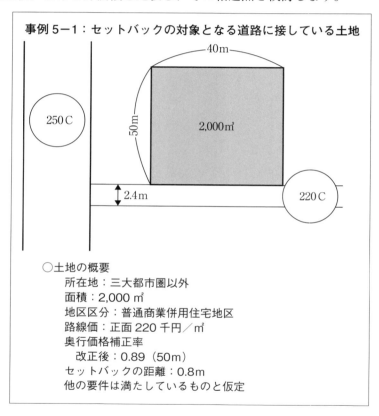

事例5-1：セットバックの対象となる道路に接している土地

○土地の概要
　所在地：三大都市圏以外
　面積：2,000㎡
　地区区分：普通商業併用住宅地区
　路線価：正面220千円／㎡
　奥行価格補正率
　　改正後：0.89（50m）
　セットバックの距離：0.8m
　他の要件は満たしているものと仮定

改正前の評価額

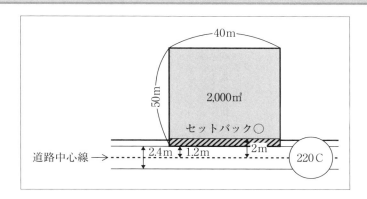

事例5-1：セットバックの対象となる道路に接している土地

評価額：220,000,000円

① 正面路線価
    220,000円
② 広大地補正率
    0.6−0.05×2,000㎡／1,000㎡＝0.5
③ 1㎡当たりの価額
    220,000円×0.5＝110,000円
④ 自用地評価額
    110,000円×2,000㎡＝220,000,000円

　セットバックを必要とする宅地の評価は、財産評価基本通達24−6に定められており、ただし書きとして「その宅地を24−4《広大地の評価》(1)又は(2)により計算した金額によって評価する場合には、本項の定めは適用しないものとする。」と規定されていました。

　したがって、改正前の旧広大地評価とセットバックによる減額は併用することが出来ないため、原則的には広大地評価のみを適用して土地の評価額を算出していました。

改正後の評価額

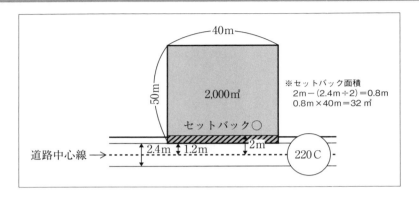

事例5-1：セットバックの対象となる道路に接している土地

評価額：294,282,700円

① 正面路線価
   220,000円
② 奥行価格補正率　※改正後の奥行価格補正率を使用
   0.89
③ 1㎡当たりの価額
   220,000円×0.89＝195,800円
④ 1㎡当たりの価額×地積
   195,800円×2,000㎡＝391,600,000円
⑤ 規模格差補正率
   {(2,000㎡×0.90＋100)／2,000㎡}×0.8＝0.76
⑥ 減額前評価額
   391,600,000円×0.76＝297,616,000円
⑦ セットバックによる減額を加味した評価額
   297,616,000円－(297,616,000円×32㎡／2000㎡×0.7)
   ＝294,282,700円

改正後の財産評価基本通達24－6《セットバックを必要とする宅地の評価》では、広大地の評価の適用除外に関するただし書きが削除されています。

したがって、地積規模の大きな宅地の評価とセットバックによる減額

を併用して適用することが可能になると考えられるため、上記のような
評価額となります。

改正前後の相違点

（1）改正前後の財産評価基本通達

<table>
<tr>
<td>改正前</td>
<td>

≪セットバックを必要とする宅地の評価≫
24－6　建築基準法第42条第2項に規定する道路に面しており、将来、建物の建替え時等に同法の規定に基づき道路敷きとして提供しなければならない部分を有する宅地の価額は、その宅地について道路敷きとして提供する必要がないものとした場合の価額から、その価額に次の算式により計算した割合を乗じて計算した金額を控除した価額によって評価する。<u>ただし、その宅地を24－4《広大地の評価》(1) 又は (2) により計算した金額によって評価する場合には、本項の定めは適用しないものとする。</u>

</td>
</tr>
</table>

⇒旧広大地評価との併用は認めない旨の記述がありました。

<table>
<tr>
<td>改正後</td>
<td>

≪セットバックを必要とする宅地の評価≫
24－6　建築基準法第42条《道路の定義》第2項に規定する道路に面しており、将来、建物の建替え時等に同法の規定に基づき道路敷きとして提供しなければならない部分を有する宅地の価額は、その宅地について道路敷きとして提供する必要がないものとした場合の価額から、その価額に次の算式により計算した割合を乗じて計算した金額を控除した価額によって評価する。

</td>
</tr>
</table>

⇒新広大地評価との併用を認めない旨の記述はありません。

（2）まとめ

　今回の改正により、新広大地評価とセットバックによる減額評価を併用して適用する事が可能となりました。

　これは、一見すると納税者有利の改正にも見えますが、広大地補正率から規模格差補正率に改正されたことによる補正率減少の影響が大きいため、セットバックの減額評価のみが併用可能となるようなケースでは、基本的には改正前の評価額よりも改正後の評価額の方が増加すると考えられます。

6 甚だしく不整形の土地

　ここでは、長方形や正方形という綺麗な形の土地ではなく、形が悪く著しく不整形である土地について、改正前における評価額及び改正後における評価額を比較し、その相違点を検討します。

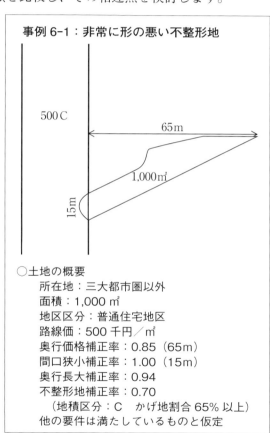

改正前の評価額

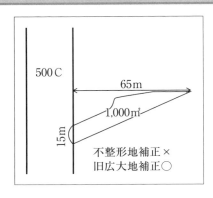

事例6-1:非常に形の悪い不整形地

評価額:275,000,000円

① 正面路線価
   500,000円
② 広大地補正率
   0.6−0.05×1,000㎡／1,000㎡=0.55
③ 1㎡当たりの価額
   500,000円×0.55=275,000円
④ 評価額
   275,000円×1,000㎡=275,000,000円

　不整形地の評価方法は、財産評価基本通達20に定められていますが、旧広大地通達(財産評価基本通達24−4)には、「15《奥行価格補正》から20−5《容積率の異なる2以上の地域にわたる宅地の評価》までの定めに代わるものとして」と規定されており、広大地評価と不整形地評価を同時に適用する事が出来ませんでした。
　したがって、原則的には不整形地補正を適用せず、上記の計算式によって広大地補正率のみを適用して、土地の評価を行っていました。

改正後の評価額

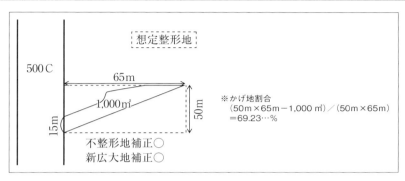

事例6-1：非常に形の悪い不整形地

評価額：238,000,000円

① 正面路線価
　　500,000円
② 補正率
　　奥行価格補正率：0.85
　　不整形地補正率：0.70　※0.70×1.00＝0.70＜1.00×0.94＝0.94　∴0.70
③ 1㎡当たりの価額
　　500,000円×0.85×0.70＝297,500円
④ 1㎡当たりの価額×地積
　　297,500円×1,000㎡＝297,500,000円
⑤ 規模格差補正率
　　{(1,000㎡×0.90＋100)／1,000㎡} ×0.8＝0.8
⑥ 評価額
　　297,500,000円×0.8＝238,000,000円

　改正後における、地積規模の大きな宅地の評価についてを定めた財産評価基本通達20－2では、「15《奥行価格補正》から前項までの定めにより計算した価額に、その宅地の地積の規模に応じ、次の算式により求めた規模格差補正率を乗じて計算した価額によって評価する。」と規定されているため、広大地評価と不整形評価を同時に適用し評価することが可能であると解釈できます。

改正前後の相違点

（1）改正前後の財産評価基本通達

<table>
<tr>
<td rowspan="2">改正前</td>
<td>

≪広大地の評価≫

24－4　その地域における標準的な宅地の地積に比して著しく地積が広大な宅地で都市計画法第４条《定義》第12項に規定する開発行為（以下本項において「開発行為」という。）を行うとした場合に公共公益的施設用地の負担が必要と認められるもの（省略）の価額は、原則として、次に掲げる区分に従い、それぞれ次により計算した金額によって評価する。

（1）その広大地が路線価地域に所在する場合

　　その広大地の面する路線の路線価に、<u>15《奥行価格補正》から20－5《容積率の異なる２以上の地域にわたる宅地の評価》までの定めに代わるものとして次の算式により求めた広大地補正率を乗じて計算した価額にその広大地の地積を乗じて計算した金額</u>
</td>
</tr>
</table>

⇒不整形地補正率との併用は認められませんでした。

<table>
<tr>
<td rowspan="2">改正後</td>
<td>

≪地積規模の大きな宅地の評価≫

20－2　地積規模の大きな宅地（三大都市圏においては500㎡以上の地積の宅地、それ以外の地域においては1,000㎡以上の地積の宅地をいい、次の（1）から（3）までのいずれかに該当するものを除く。以下本項において「地積規模の大きな宅地」という。）で14－2《地区》の定めにより普通商業・併用住宅地区及び普通住宅地区として定められた地域に所在するものの価額は、<u>15《奥行価格補正》から前項までの定めにより計算した価額に、その宅地の地積の規模に応じ、次の算式により求めた規模格差補正率を乗じて計算した価額によって評価する。</u>
</td>
</tr>
</table>

⇒不整形地補正率との併用が可能となりました。

（2）まとめ

　不整形地評価についてもセットバックによる減額評価と同様、今回の改正により、新広大地の評価と併用して適用する事が可能となりました。

　本改正により広大地の評価額は全体的に上昇する傾向となりますが、上記＜事例6-1＞のように著しく形の悪い不整形地については、奥行価

格補正・間口狭小補正・不整形地補正のすべてが規模格差補正と併用して適用することが可能となるため、場合によっては改正後の方が評価額が減少するケースもあると考えられます。

　このように、すべての広大地の評価額が一律に増加するわけではないため、贈与などを検討する際には充分な事前検討が必要となります。

7 容積率の異なる2以上の地域にまたがる宅地

　容積率の異なる2以上の地域にまたがる宅地の評価については、改正前の財産評価基本通達20-5において、一定の調整計算を加えることによって評価減できる規定がありました。そのような宅地に新旧広大地をそれぞれ適用した場合の評価額を比較し、その相違点を検討します。

事例7-1：容積率200%と300%の地域にまたがる宅地

容積率200%
500㎡

容積率300%
500㎡

160C

○土地の概要
　所在地　　三大都市圏以外
　面積　　　1,000 ㎡
　地区区分　普通住宅地区
　路線価　　160 千円／㎡
　奥行価格補正率　1.00
　他の要件は満たしているものと仮定

第3章 土地の形状による新旧評価シミュレーション　77

改正前の評価額

事例7-1：容積率200％と300％の地域にまたがる宅地

評価額：88,000,000円

① 正面路線価
160,000円
② 広大地補正率
0.6−0.05×1,000㎡／1,000㎡＝0.55
③ 評価額
160,000円×0.55×1,000㎡＝88,000,000円

旧広大地通達においては、下記のような規定が存在していました。

《広大地の評価》
24−4
（1）その広大地が路線価地域に所在する場合
　その広大地の面する路線の路線価に、15《奥行価格補正》から20−5《容積率の異なる2以上の地域にわたる宅地の評価》までの定めに代わるものとして次の算式により求めた広大地補正率を乗じて計算した価額にその広大地の地積を乗じて計算した金額

正面路線価×広大地補正率（※）×地積
※（0.6−0.05×広大地の地積÷1,000㎡）

　つまり旧広大地通達を用いて広大地評価をする場合、広大地補正率には財産評価基本通達15《奥行価格補正》から20−5《容積率の異なる2以上の地域にわたる宅地の評価》までの各調整率が加味されているため、併用して計算は出来ないこととされていました。

改正後の評価額

事例7-1：容積率200%と300%の地域にまたがる宅地

評価額：125,824,000円

① 正面路線価
160,000円

② 奥行価格補正率
1.00

③ 1㎡当たりの価額
160,000円×1.00＝160,000円

④ 1㎡当たりの価額×地積
160,000円×1,000㎡＝160,000,000円

⑤ 規模格差補正率
$\{(1,000㎡×0.90＋100)／1,000㎡\}×0.8＝0.8$

⑥ 減額前評価額
160,000,000円×0.8＝128,000,000円

⑦ 容積率の異なる2以上の地域にまたがる宅地の減額割合

$$\left(1-\frac{300\%×500㎡＋200\%×500㎡}{300\%×1,000㎡}\right)×0.1＝0.017$$

⑧ ⑥－（⑥×⑦）＝125,824,000

○容積率が価額に及ぼす影響度

地区区分	影響度
高度商業地区、繁華街地区	0.8
普通商業・併用住宅地区	0.5
普通住宅地区	0.1

　改正後の財産評価基本通達では、広大地評価についての規定が削除され、新たに財産評価基本通達20-2《地積規模の大きな宅地の評価》が新設されています。

　そして、改正後の財産評価基本通達20-6《容積率の異なる2以上の地域にわたる宅地の評価》においては下記のように規定されています。

> **《容積率の異なる２以上の地域にわたる宅地の評価》**
> **20－6**　容積率（建築基準法第52条に規定する建築物の延べ面積の敷地面積に
> 　　対する割合をいう。以下同じ。）の異なる２以上の地域にわたる宅地の価額は、
> 　　15《奥行価格補正》から前項までの定めにより評価した価額から、その価額
> 　　に次の算式により計算した割合を乗じて計算した金額を控除した価額によっ
> 　　て評価する。この場合において適用する「容積率が価額に及ぼす影響度」は、
> 　　14－2《地区》に定める地区に応じて下表のとおりとする。
> 　　（以下省略）

　新広大地通達すなわち財産評価基本通達20－2《地積規模の大きな宅
地の評価》において評価された価額から財産評価基本通達20－6《容
積率の異なる２以上の地域にわたる宅地の評価》において規定されてい
る金額を控除することが出来るようになったと解されます。

　しかし、新広大地通達を用いての評価は、改正前のいわゆる旧広大地
評価に比べ補正率の減額割合が減少したため、容積率の異なる２以上の
地域にわたる宅地の評価減を加味することが可能となったとはいえ、結
果として評価額が高くなる傾向がありそうです。

8 区分所有マンションの一室を所有している場合

改正前の財産評価基本通達24-4《広大地の評価》において、いわゆる「マンション適地」については旧広大地評価の対象外となっていました。

一方で改正後の財産評価基本通達20-2《地積規模の大きな宅地の評価》においては、そのような文言が削除されたことによりマンション適地においても適用できるものと解釈されます。

改正前における評価額及び改正後における評価額を比較し、その相違点を検討します。

事例 8-1：区分所有マンションの一室を所有していた場合

敷地権割合
考慮後の
所有地積　40㎡

400 C

○土地の概要
所在地　　三大都市圏
面積　　　2,000 ㎡
地区区分　普通住宅地区
路線価　　400 千円／㎡
奥行価格補正率　1.00
敷地権割合　40／2,000
他の要件は満たしているものと仮定

第3章　土地の形状による新旧評価シミュレーション　*81*

改正前の評価額

事例8-1：区分所有マンションの一室を所有していた場合

> 評価額：16,000,000円
>
> ①　正面路線価
> 　　400,000円
> ②　奥行価格補正率
> 　　1.00
> ③　1㎡当たりの価額
> 　　400,000円×1.00＝400,000円
> ④　マンション敷地全体の評価額
> 　　400,000円×2,000㎡＝800,000,000円
> ⑤　マンション一室に対する土地の評価額
> 　　800,000,000円×40／2,000＝16,000,000円

　旧広大地通達においては、下記のような規定が存在していました。

> 《広大地の評価》
> 24−4　その地域における標準的な宅地の地積に比して著しく地積が広大な宅
> 　地で都市計画法第4条《定義》第12項に規定する開発行為（以下本項におい
> 　て「開発行為」という。）を行うとした場合に公共公益的施設用地の負担が
> 　必要と認められるもの（22−2《大規模工場用地》に定める大規模工場用地
> 　に該当するもの及び中高層の集合住宅等の敷地用地に適しているもの（その
> 　宅地について、経済的に最も合理的であると認められる開発行為が中高層の
> 　集合住宅等を建築することを目的とするものであると認められるものをい
> 　う。）を除く。以下「広大地」という。）の価額は、原則として、次に掲げる
> 　区分に従い、それぞれ次により計算した金額によって評価する。
> 　（以下省略）

　つまり旧広大地通達を用いて広大地評価をする場合、すでにマンションが建っている宅地やマンション用地として利用することが最も有効的使用であると認められる宅地は広大地評価を適用することは出来ませんでした。

　しかし、改正後の財産評価基本通達においては旧広大地通達が削除され、新たに財産評価基本通達20−2《地積規模の大きな宅地の評価》が

新設されました。この新設された「地積規模の大きな宅地の評価」において この通達を適用することが出来る土地の要件が明確化されています。その要件は面積、宅地の所在する地区区分及び容積率について定められています。単純に通達の文言だけを読み取ると区分所有マンションの一室を所有している場合であっても評価減を適用できる可能性があります。

改正後の評価額

事例8-1：区分所有マンションの一室を所有していた場合

評価額：12,000,000円

① 正面路線価
400,000円
② 奥行価格補正率
1.00
③ 1㎡当たりの価額
400,000円×1.00＝400,000円
④ 1㎡当たりの価額×地積
400,000円×2,000㎡＝800,000,000円
⑤ 規模格差補正率
｛(2,000㎡×0.90＋75)／2,000㎡｝×0.8＝0.75
⑥ マンション敷地全体の評価額
800,000,000円×0.75＝600,000,000円
⑦ マンション一室に対する土地の評価額
600,000,000円×40／2,000＝12,000,000円

このように新設された財産評価基本通達20－2《地積規模の大きな宅地の評価》を適用して評価できるとした場合には、同じ条件の下では改正前よりも評価減出来ることとなります。

しかし、ただでさえマンションの相続税評価額は通常市場で取引される価額より低く算出される傾向にあります。容積率の制限がありますのでいわゆる、タワーマンションは対象外とはいえ、敷地面積の広大な区分所有マンションを購入し、この新広大地通達を使えるとなるとさらなる相続税負担の減少につながる可能性があります。そうなると、税負担を不当に軽減させる行為とみなされた場合には、税務当局も新たな通達等によりそのようなスキームの利用を制限することも予想されます。

現在、改正通達が公表されたばかりで他の情報が出ていません。今後、適用に関する詳細なQ＆A等が追加で発表されると考えられますので、今後の情報に期待したいところです。

9 生産緑地

　改正前の財産評価基本通達24−4《広大地の評価》においては、生産緑地の評価減との併用が可能ですが、その際には宅地造成費を控除することは出来ません。根拠としては、平成16年6月29日付資産評価企画官情報第2号、資産課税課情報第10号における「市街地農地等を広大地として評価する場合には、広大地補正率の中に宅地造成費等を考慮してあることから、通達上造成費については控除しないで評価することになる点に留意が必要である。」との記載です。

　改正前における評価額及び改正後における評価額を比較し、その相違点を検討します。

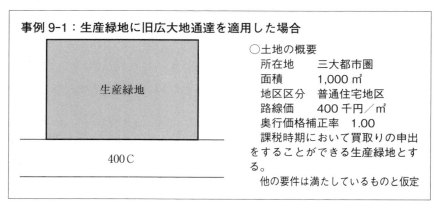

第3章　土地の形状による新旧評価シミュレーション　　*85*

改正前の評価額

事例9-1：生産緑地に旧広大地通達を適用した場合

評価額：209,000,000円

① 正面路線価
   400,000円
② 広大地補正率
   $0.6-0.05×1,000㎡／1,000㎡＝0.55$
③ 評価額減前の評価額
   $400,000円×0.55×1,000㎡＝220,000,000円$
④ 生産緑地の評価減適用後の評価額
   $220,000,000円×（1-0.05）＝209,000,000円$

　生産緑地の評価減については、改正前の財産評価基本通達40-3において、下記のように規定されています。

《生産緑地の評価》
40-3　生産緑地（括弧書き省略）の価額は、その生産緑地が生産緑地でないものとして本章の定めにより評価した価額から、その価額に次に掲げる生産緑地の別にそれぞれ次に掲げる割合を乗じて計算した金額を控除した金額によって評価する。（平3課評2-4外追加・平16課評2-7外改正）
（以下省略）

　控除することが出来る割合は、課税時期から買取りの申出をすることができることとなる日までの期間により5％～35％です。
　広大地の評価減と生産緑地の評価減が併用できる理由は、公共公益的施設用地を設置しても生産緑地を解除することは出来ないため、これを斟酌しないと過大評価になってしまうため認められています。

改正後の評価額

一方で、改正後の財産評価基本通達20-2《地積規模の大きな宅地の評価》においてはどうでしょうか。現時点では、新通達が公表されたばかりで詳細な適用可否については不明ですが、ここでは改正後の通達においては宅地造成費を控除することが出来る、さらに従来通り生産緑地の評価減との併用も可能である、との前提で評価額を比較してみましょう。

事例9-1：生産緑地に新広大地通達を適用した場合

評価額：291,175,000円

① 正面路線価
　400,000円
② 奥行価格補正率
　1.00
③ 1㎡当たりの価額
　400,000円×1.00＝400,000円
④ 1㎡当たりの価額×地積
　400,000円×1,000㎡＝400,000,000円
⑤ 規模格差補正率
　{(1,000㎡×0.90＋75)／1,000㎡}×0.8＝0.78
⑥ 評価減前の評価額
　400,000,000円×0.78＝312,000,000円
⑦ 造成費の控除（1㎡当たりの造成費を5,500円と仮定）
　312,000,000円－5,500円×1,000㎡＝306,500,000円
⑧ 生産緑地の評価減適用後の評価額
　306,500,000円×（1－0.05）＝291,175,000円

上記＜事例9-1＞においては、新広大地通達で評価した場合、宅地造成費を控除してもなお、旧広大地通達で評価した方が評価額が低くなりました。

地積の広大な生産緑地で、ある程度整形の場合には、旧広大地通達に比べ、新広大地通達の評価減額の効果が相当程度低くなったためと考えられます。

10 農地〜納税猶予との関係〜

ここでは、三大都市圏内の市街地農地で生産緑地地区の指定を受けているものについて、改正前における評価額及び改正後における評価額をそれぞれ算定し、両者を比較した結果、相違点を明らかにします。

＜事例10-1＞で整形地、＜事例10-2＞で不整形地のケースを想定し、各事例の改正前後の評価額及び相違点を明らかにしたのち、＜事例10-1＞と＜事例10-2＞の比較とまとめを行います。

最後に、＜事例10-1＞と＜事例10-2＞の結果を踏まえ、本改正が農地等の納税猶予にどのような影響を与えるかを検討します。

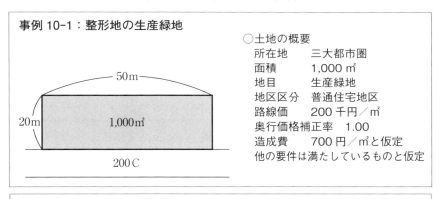

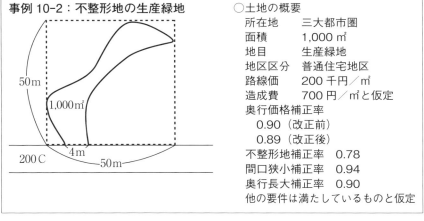

改正前の評価額

事例10-1：整形地の生産緑地

評価額：104,500,000円

① 通常の評価
(200,000円−700円)×1,000㎡＝199,300,000円
② 広大地評価
200,000円×(0.6−0.05×1,000㎡／1,000㎡)×1,000㎡
＝110,000,000円
③ ①＞② ∴②
④ 生産緑地の評価減適用後の評価額
110,000,000円×(1−0.05)＝104,500,000円

　まず、①で市街地農地の計算を行います。計算方法は以下のとおりです。

　なお、1㎡当たりの造成費の金額は、国税局庁が地域ごとに金額を定めています。

$$\text{市街地農地の評価額}=\left(\text{その農地が宅地であるとした場合の1㎡当たりの価額}-\text{1㎡当たりの造成費の金額}\right)\times\text{地積}$$

　②では、旧広大地通達を適用した場合の評価額を計算します。計算方法は、以下のとおりです。

$$\text{正面路線価}\times\text{広大地補正率}\times\text{地積}$$

　次に、①と②を比較し、小さい金額の②を選択します。

　最後に、④で生産緑地の評価減を行います。計算方法は、以下のとおりです。なお、本事例では、被相続人が当該農業の主たる従事者である

第3章　土地の形状による新旧評価シミュレーション　　*89*

　ことを前提としているため、主たる従業者の死亡により市町村長に対し買取りの申出をすることができる生産緑地として、1から控除する割合は0.05となります。なお、当該割合は財産評価基本通達40－3で定められています。

```
生産緑地の      その土地が生産緑地
          ＝でないものとして評×［1－控除割合］
評価額        価した価額
```

事例10-2：不整形の生産緑地

```
評価額：104,500,000円

①　通常の評価
　　イ　200,000円×0.9×0.73（※）＝131,400円
　　　　※不整形補正率
　　　　　50m×50m＝2,500㎡、（2,500㎡－1,000㎡）÷2,500㎡＝60%
　　　　　0.78×0.94＝0.73
　　　　　0.90×0.94＝0.84
　　　　　0.73＜0.84　∴0.73

　　ロ　（131,400円－700円）×1,000㎡＝130,700,000円
②　広大地評価
　　200,000円×（0.6－0.05×1,000㎡／1,000㎡）×1,000㎡
　　＝110,000,000円
③　①＞②　∴②
④　生産緑地の評価減適用後の評価額
　　110,000,000円×（1－0.05）＝104,500,000円
```

　＜事例10-2＞は不整形地のため、①イで奥行価格補正率（0.9）、不整形補正率を加味し、①ロで造成費を控除して市街地農地の計算をします。また、この生産緑地は広大地に該当するため、②で、旧広大地通達を適用した場合の評価額を計算します。次に、①と②を比較し、小さい金額の②を選択します（評基通13〜20、34、36〜40、40－3、生産緑地法10条）。最後に④で、生産緑地の評価減を行います。生産緑地の評価減については、＜事例10-1＞で説明したとおりです。

改正後の評価額

改正後は新広大地と併用して宅地造成費を控除することができるものとして算定しております。

事例10-1：整形地の生産緑地

評価額：147,535,000円

① 正面路線価
   200,000円
② 奥行価格補正率
   1.00
③ 1㎡当たりの価額
   200,000円×1.00＝200,000円
④ 1㎡当たりの価額×地積
   200,000円×1,000㎡＝200,000,000円
⑤ 規模格差補正率
   {(1,000㎡×0.90＋75)／1,000㎡}×0.8＝0.78
⑥ 評価減前の評価額
   200,000,000円×0.78＝156,000,000円
⑦ 造成費の控除
   156,000,000円－700円×1,000㎡＝155,300,000円
⑧ 生産緑地の評価減適用後の評価額
   155,300,000円×（1－0.05）＝147,535,000円

事例10-2：不整形地の生産緑地

評価額：95,620,540円

① 正面路線価
   200,000円
② 補正率　※改正後の補正率を使用
   奥行価格補正率：0.89
   不整形地補正率：0.73
③ 1㎡当たりの価額
   200,000円×0.89×0.73＝129,940円
④ 1㎡当たりの価額×地積
   129,940円×1,000㎡＝129,940,000円
⑤ 規模格差補正率

$\{(1,000㎡×0.90＋75)／1,000㎡\}×0.8=0.78$

⑥　評価減前の評価額
　　129,940,000円×0.78＝101,353,200円
⑦　造成費の控除
　　101,353,200円－700円×1,000㎡＝100,653,200円
⑧　生産緑地の評価減適用後の評価額
　　100,653,200円×（1－0.05）＝95,620,540円

　＜事例10-2＞の土地は不整形の広大地に該当するため、路線価に奥行価格補正率（0.89）、不整形地補正率（0.73）、規模格差補正率を乗じたのち、地積を乗じます。

　さらに、生産緑地にも該当するため、生産緑地の評価減0.05をとることができます。

改正前後の相違点

（1）改正前後の相違点

① ＜事例10-1＞における改正前後の相違点

　＜事例10-1＞のケースでは、改正前の評価額が104,500,000円、改正後の評価額は147,535,000円となり、改正後に増加しました。その要因は、広大地補正率（0.55）が規模格差補正率（0.78）に変更された点にあります。

② ＜事例10-2＞における改正前後の相違点

　＜事例10-2＞のケースでは、改正前の評価額が104,500,000円、改正後の評価額は95,620,540円となり、改正後に減少しました。その要因は、評価額の計算上、広大地補正率（0.55）が奥行価格補正率（0.89）と不整形地補正率（0.73）と規模格差補正率（0.78）を併用した補正割合（0.506766）へと減少した点にあります。

（2）＜事例10-1＞と＜事例10-2＞の比較とまとめ

　＜事例10-1＞のケースにおいて、改正後の広大地評価額は増加しました。一方で、＜事例10-2＞のケースでは、改正後の広大地評価額は減少しています。この原因は、＜事例10-1＞は、整形地であり、＜事例10-2＞は不整形地である点に起因します。すなわち、改正前は広大地の形状（不整形・奥行）は、評価額の計算上考慮されていませんでしたが、今回の改正により広大地の形状も評価額の計算に織り込まれることになりました。その結果、奥行きの長い土地や不整形地に関してはそれぞれの補正率が適用され、改正前と比べ評価額が減少することも想定されます。

農地等の相続税の納税猶予の特例

　農地等の相続税の納税猶予の特例とは、農業を営んでいた被相続人から一定の相続人が一定の農地等を相続によって取得し、農業を営む場合には、その取得した農地等の価額のうち農業投資価格による価額を超える部分に対応する相続税額が、その取得した農地等について相続人が農業を継続している場合に限り、納税が猶予される制度をいいます（措法70の6）。

　上記で検討した＜事例10-1＞のケースでは、農地の評価額は、改正後に増加しました。

　つまり、＜事例10-1＞の場合には、改正後に評価額が増加するため相続税の負担が増えることとなりますが、納税猶予の適用を受ける場合には、農業投資価格で実際に納付すべき相続税額が結果として計算されますので、相続税額は変わらないこととなります。

　その反面、猶予される相続税額は増加することとなります。

　これを、図で示すと下記のようになります。

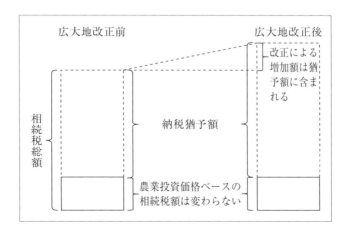

すなわち、納税猶予額が増加するということは、仮に納税猶予が打切りになった際には、利子税も併せて一気に多額の納税をしなければならないということになります。納税猶予の適用を受けた場合には農業後継者に対して終身営農が求められ、仮に後継者が何らかの事情により農業を続けることが困難となったときには、資金繰りなどかなり厳しい状況になることが予想されます。農業後継者の不足が叫ばれる中、農業継続をあきらめて農地を宅地に転用する等の選択肢も考える必要性が出てきます。

第4章

今後の対応策

1 相続税試算の見直しの必要性

　平成30年1月1日以降、広大地の評価が改正されることにより、広大地を所有する方の相続税負担が重くなることが見込まれます。「旧広大地評価」を適用することを見据えて相続税試算をしていた場合には、「新広大地評価」を適用した場合の相続税試算を再度行い、納税資金が確保できているかを確認しておくことが必要となるでしょう。

　以下の設例により、改正前後の土地評価の比較及び相続税額の比較を行います。

(1) 改正前（平成29年12月31日以前に相続が発生した場合）

① 土地の評価

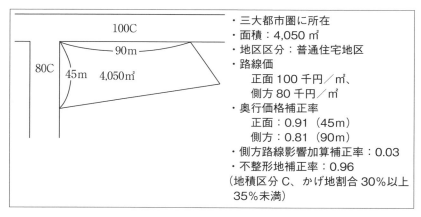

- 三大都市圏に所在
- 面積：4,050㎡
- 地区区分：普通住宅地区
- 路線価
  　正面 100 千円／㎡、
  　側方 80 千円／㎡
- 奥行価格補正率
  　正面：0.91（45m）
  　側方：0.81（90m）
- 側方路線影響加算補正率：0.03
- 不整形地補正率：0.96
  （地積区分 C、かげ地割合 30％以上 35％未満）

　イ　広大地評価
　　（イ）正面路線価
　　　　100,000円
　　（ロ）広大地補正率
　　　　0.6－0.05×4,050㎡／1,000㎡＝0.3975＞0.35
　　　　　　　　　　　　　　　　　　　　∴0.3975
　　（ハ）評価額
　　　　100,000円×0.3975×4,050㎡＝160,987,500円
　ロ　通常の評価
　　（イ）路線価

正面：100,000円
側方：80,000円
(ロ) 補正率
奥行価格補正率
正面：0.91（45m）
側方：0.81（90m）
側方路線影響加算補正率：0.03
不整形地補正率：0.96
(ハ) 1㎡当たりの価額
100,000円×0.91＋80,000円×0.81×0.03＝92,944円
92,944円×0.96＝89,226円
(ニ) 1㎡当たりの価額×地積
89,226円×4,050㎡＝361,365,300円
ハ　イ＜ロ
∴　イ　160,987,500円

② 相続税の計算

※預金1億円、その他財産5,000万円、法定相続人が子2人と仮定

預金	100,000,000円
土地	160,987,500円
その他財産	50,000,000円
相続財産　合計	310,987,500円
相続税	73,594,400円

（預金での納税が可能）

(2) 改正後（平成30年1月1日以降に相続が発生した場合）

① 土地の評価

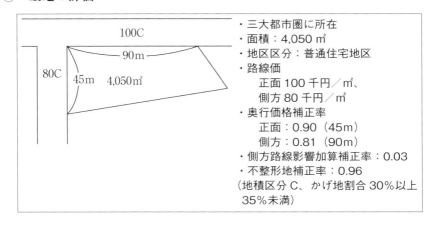

・三大都市圏に所在
・面積：4,050㎡
・地区区分：普通住宅地区
・路線価
　正面 100 千円／㎡、
　側方 80 千円／㎡
・奥行価格補正率
　正面：0.90（45m）
　側方：0.81（90m）
・側方路線影響加算補正率：0.03
・不整形地補正率：0.96
（地積区分 C、かげ地割合 30％以上 35％未満）

イ　地積規模の大きな宅地の評価
（イ）路線価
正面：100,000円
側方：80,000円
（ロ）補正率
奥行価格補正率　※改正後の奥行価格補正率を使用
正面：0.90（45m）
側方：0.81（90m）
側方路線影響加算補正率：0.03
不整形地補正率：0.96
（ハ）1㎡当たりの価額
100,000円×0.90＋80,000円 ×0.81×0.03＝91,944円
91,944円×0.96＝88,266円
（ニ）1㎡当たりの価額×地積
88,266円×4,050㎡＝357,477,300円
（ホ）規模格差補正率
{（4,050㎡×0.85＋225㎡）／4,050㎡} ×0.8＝0.72
（ヘ）評価額
357,477,300円×0.72＝257,383,656円

② 相続税の計算

※計算条件は（1）②に同じ

預金	100,000,000円
土地	257,383,656円
その他財産	50,000,000円
相続財産　合計	407,383,656円
相続税	112,152,800円

預金だけでは
納税資金が不足

　改正前の相続税試算においては、相続税7,359万円に対して預金が1億円ありますので納税可能でした。一方、改正後には、相続税1億1,215万円となったため納税資金不足ということになります。

　このような場合には、生前に土地を売却して納税資金を確保する、平成18年の改正により適用要件が厳しくなっていますが、延納・物納を検討する、平成29年中に生前贈与を行うなど、何らかの対策を検討する必要があるでしょう。

　また、この設例はほんの一例ですが、旧広大地通達の広大地補正率と新広大地通達の規模格差補正率を比較してみると、改正の前後で、相続

税評価額の上がる土地と下がる土地があると考えられます。

「旧広大地評価」の場合、広大地補正率の最高値は0.6となります。比べて、改正後の「地積規模の大きな宅地の評価」の場合の規模格差補正率の最高値は0.8となります。

この補正率のみを比較すれば、改正により広大地の相続税評価額は上昇となるのですが、「新広大地評価」においては、規模格差補正率に加えて、奥行価格補正率、間口狭小補正率、奥行長大補正率、不整形地補正率、がけ地補正率等を重複適用することが可能となります。

よって、旧広大地評価よりも改正後の方が相続税評価額が下がることも考えられるのです。

例えば、不整形地補正率が下限の0.6であった場合には、規模格差補正率の最高値0.8と乗じて0.48となります。このような場合には、広大地補正率の最高値0.6と比較して相続税評価額が下がることもありえます。

本改正は、広大地の面積のみに応じて減額される旧評価から、その土地の形状や利便を織り込んだ評価に変更となっていることで、評価額に上下の変動があることが見込まれますので、再度、相続税の試算を行ってみるとよいでしょう。

2 年内贈与

　平成30年1月1日以降の相続、贈与等については、広大地の評価は「新広大地評価」によることとなりますが、平成29年12月31日までの相続、贈与等については、「旧広大地評価」を適用することができます。改正後に広大地の相続税評価額が上がってしまうような場合には、移転にかかるコストも考慮したうえで、平成29年中の生前贈与も検討すべきといえます。

　以下の設例により、改正後に相続が発生した場合と平成29年中に広大地の生前贈与を行った場合の、相続税及び贈与税について比較してみましょう。

(1) 改正後に相続が発生した場合（平成30年1月1日以降）

① 土地の評価

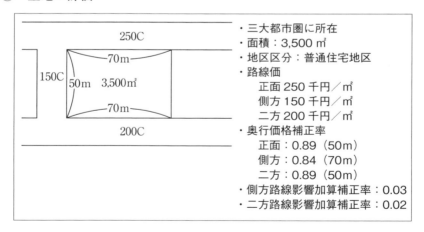

　イ　地積規模の大きな宅地の評価
　　（イ）路線価
　　　　正面：250,000円
　　　　側方：150,000円
　　　　二方：200,000円

(ロ) 補正率
      奥行価格補正率　※改正後の奥行価格補正率を使用
        正面：0.89（50m）
        側方：0.84（70m）
        二方：0.89（50m）
      側方路線影響加算補正率：0.03
      二方路線影響加算補正率：0.02
  (ハ) 1㎡当たりの価額
      250,000円×0.89＋150,000円×0.84×0.03＋200,000円×0.89×0.02
      ＝229,840円
  (ニ) 1㎡当たりの価額×地積
      229,840円×3,500㎡＝804,440,000円
  (ホ) 規模格差補正率
      {(3,500㎡×0.85＋225㎡)／3,500㎡}×0.8＝0.73
  (ヘ) 評価額
      804,440,000円×0.73＝587,241,200円

② 相続税の計算

※預金2億円　その他財産1.2億円、法定相続人が子1人と仮定
預金　　　　　　　　200,000,000円
土地　　　　　　　　587,241,200円
その他財産　　　　　120,000,000円
相続財産　合計　　　907,241,200円
相続税　　　　　　　407,182,500円

（2）平成29年中に生前贈与を行った場合

① 土地の評価

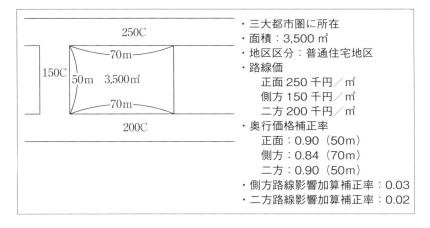

イ　広大地評価
　（イ）正面路線価
　　　　250,000円
　（ロ）広大地補正率
　　　　$0.6-0.05\times3,500㎡/1,000㎡=0.425$
　（ハ）評価額
　　　　$250,000円\times0.425\times3,500㎡=371,875,000円$
ロ　通常の評価
　（イ）路線価
　　　　正面：250,000円
　　　　側方：150,000円
　　　　二方：200,000円
　（ロ）補正率
　　　　奥行価格補正率
　　　　　正面：0.90（50m）
　　　　　側方：0.84（70m）
　　　　　二方：0.90（50m）
　　　　側方路線影響加算補正率：0.03
　　　　二方路線影響加算補正率：0.02
　（ハ）1㎡当たりの価額
　　　　$250,000円\times0.90+150,000円\times0.84\times0.03+200,000円\times0.90\times0.02$
　　　　$=232,380円$
　（ニ）1㎡当たりの価額×地積
　　　　$232,380円\times3,500㎡=813,330,000円$
ハ　イ＜ロ
　∴　イ　371,875,000円

②　暦年課税制度（特例贈与）の場合

イ　贈与税の計算
　　$（371,875,000円-1,100,000円）\times55\%-6,400,000円=197,526,200円$
ロ　相続税の計算
　※計算条件は(1)②に同じ
　※生前贈与加算の適用なしと仮定
　　預金　　　　　　　　200,000,000円
　　土地　　　　　　　　　　　　0円
　　その他財産　　　　　120,000,000円
　　相続財産　合計　　　320,000,000円
　　相続税　　　　　　　100,800,000円
ハ　イ＋ロ＝298,326,200円
　→(1)と比して108,856,300円減少

③　相続時精算課税制度の場合

イ　贈与税の計算
　（371,875,000円−25,000,000円）×20％＝69,375,000円

ロ　相続税の計算
　※計算条件は(1)②に同じ

預金	200,000,000円
土地	0円
その他財産	120,000,000円
相続時精算課税適用財産	371,875,000円（贈与時の価額）
相続財産　合計	691,875,000円
相続税	288,731,200円
贈与税額控除	△69,375,000円
相続税（贈与税額控除後）	219,356,200円

ハ　イ＋ロ＝288,731,200円
　→(1)と比して、118,451,300円減少

　土地など評価額の大きな資産について生前贈与を行う場合には、高額な贈与税負担が課題となりますが、本設例のように法定相続人が子1人である場合など、相続説の実効税率が高いケースについては、贈与税と相続税との合計でみれば、税負担額の軽減となることもあるということがわかります。

　平成29年中に広大地の生前贈与を行うかどうかの検討をするに当たって、注意しておくべき点は、「旧広大地評価」による評価額が「新広大地評価」による評価額よりも著しく低いことを確認することです。

　なお、暦年課税制度による生前贈与を行った場合には、その贈与が相続開始前3年以内の被相続人からの贈与であった場合には、贈与時の価額で相続財産に加算されます。同様に相続時精算課税制度による贈与の場合にも、相続時精算課税適用財産として贈与時の価額で相続財産に加算されることになります。

　これらの場合、相続財産に持ち戻されはしますが、広大地の評価額が「旧広大地評価」による方が「新広大地評価」よりも低い場合には、相

続において贈与財産が贈与時の価額で持ち戻されたとしても有利である、といえます。例えば上記**(2)**②の暦年課税制度の場合において生前贈与加算の適用があったときの相続税、贈与税額の合計は、相続時精算課税制度の場合と同様に288,731,200円となり、**(1)**②の額よりも少なくなります。

　ただし、これは本設例のように相続人が子1人の場合であり、受贈者が孫などの場合には試算結果が異なります。

　さらに、土地の贈与だけを受ける場合には、贈与税をどこから調達するのかについても検討が必要であるため状況に応じて慎重に行う必要があります。

　生前贈与により広大地を取得する場合に他に留意すべきポイントとしては、贈与税のほかに、不動産取得税や登録免許税がかかるということです。相続による取得の場合には、不動産取得税はかからず、登録免許税も優遇税率となりますので、生前贈与を検討する際には、これらの移転コストについても考慮する必要があるでしょう。

第 4 章　今後の対応策　*105*

3 暦年課税制度と相続時精算課税制度

　土地の贈与を検討する場合、贈与金額も大きくなることから、暦年課税制度では贈与時の税負担が重く、そのため相続時精算課税制度の選択も視野に入れることとなります。

　ここでは、そのメリット、デメリットについて検討をします。

暦年課税制度	・誰でも利用可能 ・贈与者が直系の親、祖父母で、受贈者が20歳以上の場合には軽減税率あり ・年間110万円の非課税枠がある ・税率は10%から55%の累進課税 ・原則贈与のみで課税関係は終了（相続により財産を取得した者が相続開始前3年以内に被相続人から贈与により取得した財産は相続税の課税価額に算入される） ・上記の場合、相続税申告時に贈与税額控除の適用あり ・暦年課税贈与財産のうち、相続開始前3年以内の生前贈与加算の対象となった財産は物納の対象となる財産に含まれる（相基通41-5）
相続時精算課税制度	・贈与者は60歳以上の親や祖父母で、受贈者は20歳以上の子や孫に限定 ・2,500万円の非課税枠がある（※1） ・2,500万円超過部分は一律20%の贈与税率 ・受贈財産は、贈与時の価額で贈与者死亡時の相続税の課税価額に算入される（※2） ・贈与税は、相続時に贈与税額控除で全て精算（※3） ・適用に当たっては、贈与の翌年3月15日までに「相続時精算課税選択届出書」を受贈者の所轄税務署へ提出（※4） ・相続時精算課税の届出は、受贈者が贈与者ごとに選択が可能（※5） ・相続財産に係る譲渡所得の課税の特例（取得費加算の特例）の対象（措法39①）（※6） ・物納に充てることはできない（相法41②）
共通	・延納期間算定における「不動産等の割合」の計算上、相続開始年分の贈与不動産の価額も含まれる ・小規模宅地等の特例の適用対象外

※1　非課税枠は贈与税の期限内申告が要件となっているため、期限後申告では非課税枠は使えず、一律20%の税率で贈与税負担が生じます（相法21の12②）。
※2　贈与時の価額で相続財産へ持ち戻されるため、値上がりが期待できる財産や

収益を生む財産にメリットが期待できます。

※3　相続時精算課税の場合、相続税額より贈与税額控除の金額が多く、控除しきれない場合には、税額が還付されます（相法33の2）。

※4　一度提出すると撤回はできず、翌年以降の贈与はすべて相続時精算課税贈与となり、当然、暦年課税制度である110万円の非課税枠は使えなくなります。また、相続時精算課税選択届出書の期限後提出は認められず、提出がなかった場合には相続時精算課税の適用を受けることはできません（相基通21の9－3）。

※5　例えば、父からの贈与について相続時精算課税制度の適用を受け、母からの贈与は今までどおり暦年課税制度のままとすることも可能です。

※6　暦年課税贈与財産のうち、相続開始前3年以内の生前贈与加算の対象となった財産も取得費加算の適用対象となります（措法39①）。また、平成27年1月1日以後に開始する相続により取得した土地を譲渡した場合の特例の適用については、従前よりもメリットが小さくなり、取得費に加算して控除できる金額は、譲渡した資産に対応する相続税相当額となりました。

　以上のように、相続時精算課税制度は、暦年課税制度とは異なる部分が多くあります。相続時精算課税制度は暦年課税制度と比べ、贈与時の税負担を低く抑えることができる点がメリットですが、一度選択をすると撤回は認められないので選択に当たっては十分な検討が必要です。

　また、暦年課税制度の場合には、贈与から3年経てば相続税と切り離されますので、孫であっても相続税の2割加算の適用はありませんが相続時精算課税制度の場合には孫など一定の者に対しては相続税の2割加算の適用がありますので注意が必要です。

4 流通税対策に信託活用

（1）土地の所有権移転に際しての流通税

　土地を贈与する場合に、盲点となるのがいわゆる流通税（登録免許税、不動産取得税）です。贈与に伴う所有権移転登記にかかる登録免許税は、相続の場合と比較して5倍です。また、不動産取得税については、相続であれば課税されませんが、贈与の場合は課税されるという点にも留意が必要です。

【土地の取得原因別の流通税比較①】

	贈与	相続
登録免許税	固定資産税評価額×2%	固定資産税評価額×0.4%
不動産取得税	固定資産税評価額×1／2（※）×3%（※）	非課税

（※）平成30年3月31日までに宅地等を取得した場合

（2）信託とは

　信託の登場人物は基本的に三者です。財産を託す人として委託者、財産を託される人として受託者、そして財産からもたらされる利益を受け取る人として受益者が登場します。

　信託の仕組みを、簡単にいいますと、自分（委託者）の財産を信頼できる人（受託者）に託すことです。受託者に財産を託しますので、名義も受託者に変わり、信託された財産（信託財産）は受託者が管理をすることになります。そして、その信託財産から生ずる利益は、利益を受け取る受益者に帰属することになります。

　信託により、法的な名義は受託者へ変更されます（不動産であれば、登記上の名義も受託者名となります。）が、税務上は、受益者が財産を所有するとみなします。そのため、もともと財産を所有していた委託者＝

受益者とする内容の信託であれば、名義を受託者に変更したとしても贈与税の問題は生じません。ただし、委託者≠受益者となった場合には、委託者から受益者への贈与（相続が原因であれば、遺贈）があったものとみなして贈与税（または相続税）の対象となります（相法９の２①）。

●委託者＝受益者（自益信託）は課税なし

●委託者≠受益者（他益信託）は受益者に贈与税（または相続税）

(3) 信託を使った贈与

このように、民法上の贈与の手続を経なくとも、他益信託の設定により、税務上は受益者への実質的な贈与を実現させることができます。

不動産の場合の手続は以下のとおりです。

贈与	贈与を原因とする受贈者への所有権移転登記
信託	信託を原因とする受託者への信託登記 ＋ 信託の内容を記載した信託目録の登記

贈与または信託のいずれの方法によっても、税務上は「贈与」の効果

第4章　今後の対応策　109

を得ることができますが、流通税は大きく異なります。

　贈与は前述のとおりですが、信託の場合、信託登記に係る登録免許税は非課税、信託目録の登記に係る登録免許税は固定資産税評価額×0.3%です。また、委託者から受託者への信託に係る不動産取得税は、非課税となっています。

【土地の取得原因別の流通税比較②】

	贈与	信託
登録免許税	固定資産税評価額×2%	信託登記：非課税 信託目録の登記：固定資産税評価額×0.3%（※2）
不動産取得税	固定資産税評価額×1／2（※1）×3%（※1）	非課税

（※1）平成30年3月31日までに宅地等を取得した場合
（※2）平成31年3月31日までに登記をした場合

（4）受贈後に次世代への相続、贈与

　通常の贈与の場合、土地の受贈後に、次世代へ将来的に相続または贈与で財産を承継させる場合には再度流通税がかかることが原則です（土地の取得原因別流通税比較①参照）。

　ただし、信託を用いて「受益者の変更」という手続で税務上の贈与・遺贈を実現させれば、流通税は以下のとおりとなり、相続または贈与での所有権移転に比べ負担が大幅に軽減されることになります。

登録免許税	不動産一つにつき1,000円
不動産取得税	課税なし

（5）信託を終了させた場合は

　このように信託を使うと、税務上の贈与・相続は実現させながら、流通税負担は大幅に軽減されますが、良いことだけではありません。土地

の信託を終了させた場合には、以下のように流通税が課税されます。

登録免許税	固定資産税評価額×２％
不動産取得税	固定資産税評価額×１／２（※）×３％（※）

（※）平成30年３月31日までに宅地等を取得した場合

　ただし、一定要件を満たした場合には、信託終了時の流通税は軽減されます（登法７、地法73の７四）。

　信託を利用した贈与を検討する場合には、信託設定時のメリットのみではなく、終了時における出口戦略も考慮しておく必要があります。

5 相続の前で売る？後で売る？

相続対策の一環として、所有する広大な土地の売却を考えるに当たり、相続の前で売るか、後で売るか、検討したことはありませんか。ここでは、一般的な考え方をご紹介します。

(1) 相続の前で売る

評価対象地が相続税額の計算上「旧広大地評価」の適用が可能であり、時価よりも低い評価額が見込まれるため、相続前に売却を急がず、次世代で再検討を予定していた方もいらっしゃるでしょう。

ところが、この度の改正により、当該土地については改正後の「新広大地評価」を適用しても評価額の大幅な減額が見込めず、想定していたよりも多額の相続税が課される結果になってしまう、ということも考えられます。

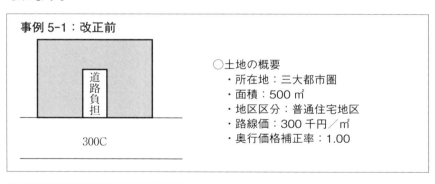

事例 5-1：改正前

○土地の概要
・所在地：三大都市圏
・面積：500 ㎡
・地区区分：普通住宅地区
・路線価：300 千円／㎡
・奥行価格補正率：1.00

評価額：86,250,000円

① 正面路線価
   300,000円
② 広大地補正率
   0.6－0.05×500㎡／1,000㎡＝0.575
③ 評価額

300,000円×0.575×500㎡＝86,250,000円

事例 5-2：改正後

道路負担

300C

○土地の概要
・所在地：三大都市圏
・面積：500 ㎡
・地区区分：普通住宅地区
・路線価：300 千円／㎡
・奥行価格補正率：1.00

評価額：120,000,000円

① 正面路線価
300,000円
② 奥行価格補正率
1.00
③ 1㎡当たりの価額
300,000円×1.00＝300,000円
④ 1㎡当たりの価額×地積
300,000円×500㎡＝150,000,000円
⑤ 規模格差補正率
｛(500㎡×0.95＋25)／500㎡｝×0.8＝0.8
⑥ 評価額
150,000,000円×0.8＝120,000,000円

ポイントとしては、「旧広大地通達に規定する旧広大地の要件は満たしているものの、形状は整っており、旧広大地通達による相続税評価額と時価が乖離していると認められるような土地」です。こうした土地については、今回その乖離を解消する方向で改正が行われているため、上記の事例のように相続税評価額が大きく上がってしまう可能性があります。地積の広い土地の場合、改正後の評価額では容易に売却することができず、相続開始後に慌てて売却した場合などには売価が相続税評価額を下回る可能性がないともいいきれません。

このような土地については、例えば、相続の前に余裕をもって売却し現金化することも選択肢となるでしょう。現金化することで納税資金の準備及び現金贈与や生命保険の検討なども容易になり、相続対策の幅が広がるとも考えられます。

(2) 相続の後で売る

評価対象地がいわゆる「マンション適地」に該当するため、改正前の旧広大地通達では相続の際の相続税評価減は難しい場合、多額の相続税の負担を考慮して、生前に売却を検討した方もいらっしゃるでしょう。

ところが、この度の改正により、当該土地については新広大地通達に規定する「地積規模の大きな宅地」の要件を満たしているため、改正後の評価方法では相続税評価額の減額が見込めることがわかり、売却せずに土地のまま相続した方が効果が期待できる、ということも考えられます。

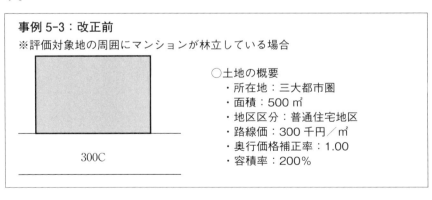

事例5-3：改正前
※評価対象地の周囲にマンションが林立している場合

300C

○土地の概要
・所在地：三大都市圏
・面積：500 ㎡
・地区区分：普通住宅地区
・路線価：300千円／㎡
・奥行価格補正率：1.00
・容積率：200％

評価額：150,000,000円

① 正面路線価
　　300,000円
② 奥行価格補正率
　　1.00

③ 1㎡当たりの価額
300,000円×1.00＝300,000円
④ 1㎡当たりの価格×地積
300,000円×500㎡＝150,000,000円
⑤ 評価額
150,000,000円

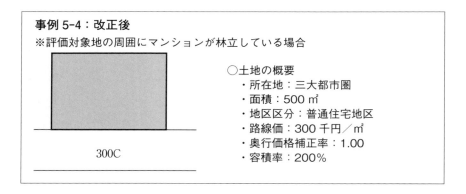

事例5-4：改正後
※評価対象地の周囲にマンションが林立している場合

○土地の概要
・所在地：三大都市圏
・面積：500㎡
・地区区分：普通住宅地区
・路線価：300千円／㎡
・奥行価格補正率：1.00
・容積率：200％

300C

評価額：120,000,000円

① 正面路線価
300,000円
② 奥行価格補正率
1.00
③ 1㎡当たりの価額
300,000円×1.00＝300,000円
④ 1㎡当たりの価額×地積
300,000円×500㎡＝150,000,000円
⑤ 規模格差補正率
｛(500㎡×0.95＋25)／500㎡｝×0.8＝0.8
⑥ 評価額
150,000,000円×0.8＝120,000,000円

　ポイントとしては、「著しく地積が広大な宅地でありながら旧広大地通達に規定する「広大地」の要件を満たさず広大地評価の適用がなかった土地」です。こうした土地について、今回の改正により適用要件が明確化され、また、評価方法も見直されたため、改正後の方が相続税評価

額が減額となる可能性があります。

　このような土地については、事前に売却を検討されていた場合には、相続開始まで保有して新広大地通達に規定する評価方法により評価減をとることが相続税の減少につながることも考えられますし、また、そうした場合には、売却は相続後に改めて検討する、という選択肢も残されるということになります。

　いずれにせよ、広大な土地を所有されている場合には、改正前後の新旧広大地通達による評価額を比較してみる必要があるといえます。

6 遺言の見直し

　この度の改正により、新広大地通達の新設及び関連諸規定が調整され、広大な土地についての相続税評価額が改正前と大きく異なる可能性があることについては、前述のとおりです。

　そのため、広大な土地を所有している場合、**1**に記載の通り、相続税額試算の見直し、相続対策の再検討が必要と考えられます。

　相続税額試算の結果、広大地の改正前後で推定相続税額が大きく変わっていることも大いに考えられます。

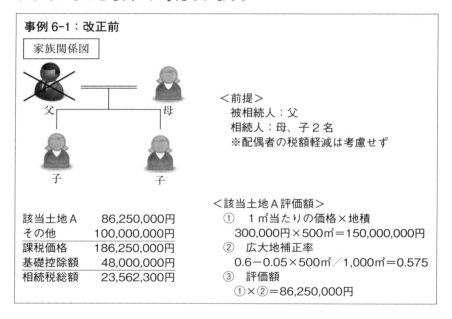

事例6-1：改正前

家族関係図

＜前提＞
　被相続人：父
　相続人：母、子2名
　※配偶者の税額軽減は考慮せず

該当土地A	86,250,000円
その他	100,000,000円
課税価格	186,250,000円
基礎控除額	48,000,000円
相続税総額	23,562,300円

＜該当土地A評価額＞
① 1㎡当たりの価格×地積
　300,000円×500㎡＝150,000,000円
② 広大地補正率
　0.6－0.05×500㎡／1,000㎡＝0.575
③ 評価額
　①×②＝86,250,000円

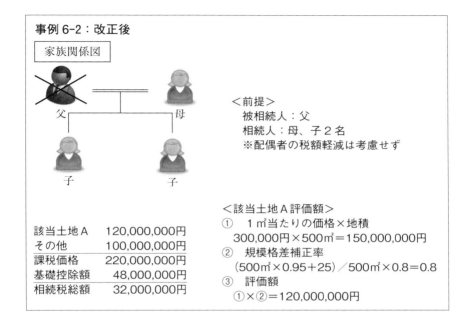

　上記の事例では、課税価格ベースで33,750,000円、相続税総額では8,437,700円の増加となります。

　事例6-1、6-2では当該土地以外の財産を1億円と仮定していますが、当該土地以外の財産がさらに大きい場合や、法定相続人の数が少ない場合などで、相続税の税率が最高税率55％に致達しているケースでは、当該土地の改正前後での相続税の増加額は、33,750,000円×55％＝約1,856万円にものぼります。

　上記を踏まえ、改正前の試算値をもとに遺言書を作成している方などは、一度、遺言の内容の確認・見直しをすることが必要と考えられます。

　例えば、所有する広大な土地（土地A）が、旧広大地通達に規定する旧広大地の要件を満たしていた場合の例を見てみましょう。相続税額試算を経て、父は、土地Aを引き継いで欲しい子供甲に土地Aを相続させる、という内容の、下記のような遺言を作成していました。「子供たち

へは、それぞれが今後必要と思われる土地と預貯金を、その残りは妻の今後を考えすべて妻へ」、家族も全員納得しており、相続対策は万全のはずでした。

> ・・・
> 子供甲には、土地Aと納税資金として1,250万円を、相続させる。
> 子供乙には現金3,000万円を、その他の財産については、妻に相続させる。
> ・・・

しかし、今回の改正により、相続税額試算を見直したところ、新広大地通達に規定する評価方法による土地Aの相続税評価額は、改正前と比較して大幅に上がり、この遺言のままでは子供甲の納税資金が不足する可能性があることが判明しました。

このような時は、相続税額試算の見直し結果を基に、早めの遺言の見直しが必要となります。

なお、遺言については、自筆証書遺言と公正証書遺言があります。それぞれの概要については、下記をご参照ください。

【自筆証書遺言と公正証書遺言の違い】

	自筆証書遺言	公正証書遺言
概要	自筆で遺言を作成し、氏名・日付を記載し、押印の上、自己責任で保管	遺言者と証人2名が公証人役場に出向き（出張もあり）、公証人が遺言を作成し、公証人役場で原本を保管（正本と謄本が交付される）
作成方法	遺言者本人が全文自筆 （今後、民法改正の可能性あり）	遺言者本人が口述または筆述し、公証人が筆記する
証人	不要	2名以上（利書関係者は不可）
署名押印	本人のみ	本人、証人、公証人
検認	家庭裁判所の検認が必要	検認不要
メリット	遺言が秘密にできる 作成が容易 費用がかからない	紛失、改ざんの恐れなし 家庭裁判所の検認が不要 遺言作成の事実が立会人を通じて明確化できる
デメリット	紛失、改ざんの恐れあり 家庭裁判所の検認が必要 要件不備による無効の可能性高い 遺言の存在が不明確	作成時に費用がかかる

7 農地等の納税猶予との関係

（1）生産緑地の所有者に相続が起きたとき

　生産緑地を所有し、農業を営んでいた主たる農業従事者が亡くなった場合には、生産緑地の買取りを申し出ることができます。

　相続税における生産緑地の評価は、相続開始時において買取りの申出ができる生産緑地であれば、生産緑地でないものとして評価した価額から５％減額となります。

　生産緑地は地積が大きいことから、評価額が高額となることがほとんどです。また、生産緑地を相続する場合には、生産緑地を解除するために買取りの申出をするか、農業従事者が承継するか、いずれかを選択しなければなりません。

　つまり、生産緑地がある場合の相続税の計算においては、下記２点がポイントとなります。

> ①　広大地の評価（改正後は、地積規模の大きな宅地の評価）が適用できるか
> ②　農地等の相続税の納税猶予の特例を適用するか

　広大地の評価については、改正後は、その土地が所在する地域・容積率・地積などにより、適用可否が決まりますので、納税者が検討する余地はありません。

　あとは、農業を承継する人がいるかどうか、承継者がいる場合には納税猶予の特例を適用するかどうか、納税者が検討する必要があります。

（2）農地等の相続税の納税猶予の特例の概要

　納税猶予を受けるための要件は、主に下記のとおりです。

---

　① 　被相続人が死亡の日まで農業を営んでいたこと等

　② 　農業相続人が相続税の申告期限までに農業経営を開始し、その
　　　後も引続き農業経営を行うこと等

　③ 　被相続人が農業の用に供していた農地等で、相続税の申告期限
　　　までに遺産分割が確定すること等

　④ 　相続税の期限内申告書に一定の事項を記載し、かつ、納税猶予
　　　税額に見合う担保を提供すること等

　　※ 　特定貸付け・営農困難時貸付け・生前一括贈与を行っていた場合につ
　　　　いては、記述を省略

　なお、平成21年税制改正により、平成21年12月15日から、特定貸付け
の特例・営農困難時貸付けの特例が創設されて多少要件が緩和されたも
のの、生産緑地は終身営農が前提となっています。生産緑地について納
税猶予が免除されるのは、下記の場合のみです。

---

　① 　農業相続人が死亡した場合

　② 　特例を受けていた農地等の全部について、農業相続人が次の後
　　　継者に農地等の贈与税の納税猶予の特例に係る生前一括贈与をし
　　　た場合

　逆に、納税猶予期間中に下記に該当した場合には、納税猶予税額の全
部または一部を原則として利子税と併せて納付しなければなりません。

① 　特例農地等について、譲渡（収用を含みます。）等があった場合

② 　特例農地等に係る農業経営を廃止した場合

③　継続届出書を届出期限までに提出しなかった場合（相続税の申告期限から３年ごとに、継続届出書を提出することが必要です。）

④　その他

　以上をまとめると、農地等の納税猶予の特例を適用するには、農業を承継する相続人がおり、かつ、原則死亡の日まで農業を継続する予定である場合に限られます。農業を承継する相続人がいない場合や、近い将来農業を止める予定である場合には、相続のタイミングで生産緑地を解除して売却することも検討しなければならなくなるでしょう。

(3) 納税猶予の特例を適用した場合と売却した場合の比較

　相続人は子供２人で、そのうち１人が農地等の納税猶予の特例の適用を受ける場合と特例の適用を受けずに生産緑地を売却する場合とを想定して、納税が猶予される税額がいくらになるか計算してみます。

＜事例7-1＞

相続人Ａ（農業相続人）の取得する財産
生産緑地2,000㎡　200,000千円（農業投資価格　1,680千円）
その他の土地　　　75,000千円
現預金　　　　　　10,000千円
相続人Ｂの取得する財産
現預金　　　　　　40,000千円

【納付税額の計算】
（単位：円）

	合計	相続人Ａ	相続人Ｂ
課税価格	325,000,000	285,000,000	40,000,000
遺産に係る基礎控除額	42,000,000		
相続税の総額	79,200,000		

農地等の納税猶予の適用を受けない場合			
申告期限までに納付すべき税額	79,200,000	69,452,307	9,747,693
農地等の納税猶予の適用を受ける場合			
算出税額	79,200,000	75,115,377	4,084,623
農地等納税猶予税額		66,264,000	
申告期限までに納付すべき税額	12,935,900	8,851,300	4,084,600

【農業投資価格による算出税額の計算】

(単位：円)

		合計	相続人A	相続人B
課税価格		126,680,000	86,680,000	40,000,000
相続税の総額		12,936,000		
算出税額		12,936,000	8,851,377	4,084,623
農業相続人の納税猶予の基となる税額	相続税の総額の差額	66,264,000	79,200,000－12,936,000	
	農業投資価格超過額	198,320,000	198,320,000	
	各人へのあん分額	66,264,000	66,264,000	
各人の算出税額		79,200,000	75,115,377	4,084,623

　上記の計算例の場合には、農業相続人は66,264,000円の納税猶予を受けることができ、納税猶予適用後の納税額が約8,850,000円まで下がっています。納税猶予の特例は要件が厳しいですが、適用できた時の効果は大きいといえます。

　なお、広大地の改正により、生産緑地の評価額が大幅に上がったとしても、納税猶予の適用を受ける場合には農業投資価格で相続税を計算しますので、猶予額が大きくなるだけで、納付する額は変わらないといえます。

　このことから、改正後は農地等の納税猶予の適用を受けるケースが増えるかもしれません。

　一方、相続人Aが農業を止めることを前提に生産緑地を解除して、売却した場合は、手取り額がいくらになるか計算します。

＜事例7-2＞

> 農地等の相続税の納税猶予の適用は受けずに相続税の申告期限の翌日から３年以内に譲渡した場合
>
> 相続人Ａの課税価格　285,000千円（うち生産緑地　200,000千円）
>
> 相続人Ａの債務控除額　　　　0円
>
> 相続人Ａの相続税額　69,452千円
>
> 生産緑地の譲渡価額　210,000千円、譲渡費用　8,000千円と仮定
>
> 取得費不明（被相続人が先代より相続取得）
>
> 長期譲渡所得　210,000千円－（10,500千円（※１）＋48,738千円（※２）＋8,000千円）＝142,762千円
>
> （※１）概算取得費
>
> 　　210,000千円×５％＝10,500千円
>
> （※２）相続税の取得費加算
>
> 　　69,452千円×200,000千円／285,000千円＝48,738千円
>
> 所得税等の税額　142,762千円×20.315％（※３）＝29,002千円
>
> （※３）所得税及び復興特別所得税、住民税を含みます。
>
> 譲渡後の手取額　210,000千円－8,000千円－29,002千円＝172,998千円
>
> 手許現金　　10,000千円＋172,998千円－69,452千円＝113,546千円

　上記の計算例では、土地譲渡後の手取額から相続税の納税に充当したとしても、まだ手許に現金が残ることになります。このケースで＜事例7-1＞と＜事例7-2＞を比較すると、＜事例7-1＞では、相続税約8,851千円を相続した現預金10,000千円で納税するとほとんど手許に現金が残りませんが、＜事例7-2＞では相続人Ａの相続税額は＜事例7-1＞と比べ約60,600千円多くなりますが、生産緑地の売却により土地を手放す反面約113,546千円の現金が手許に残ることになるわけです。

　もちろん手取り額は相続税の税率や、土地がいくらで売却できるかによって変わりますので、納税猶予の特例を適用する場合とどちらが有利

か、一概にはいえませんが、相続人が終身営農をする意思が固くないようであれば売却を検討するのも一つの選択でしょう。

　また、第3章の⑩（87頁参照）で述べたとおり、改正により旧広大地通達による評価額より、新広大地通達による評価額が大きくなってしまう場合には、相続時に納税猶予を受けた後に将来的に納税猶予の打切りを受けてしまった場合の利子税の負担が大きくなります。このリスクも納税猶予の特例を適用するのか、売却するのかを検討する際、考慮に入れるべきでしょう。

　いずれの選択をする場合であっても、早めの遺産分割協議が必要であり、特に納税猶予の特例は申告期限までに遺産分割協議が成立していることが適用要件となっていますから、相続税申告までのスケジュール管理が重要になります。

　また、生前の対策としては、遺言書を作成していれば、手続がスムーズに進むでしょう。

8 開発道路を入れて半分アパート、半分は売却予定で更地にしておく

　生前に相続対策を考えた際に、所有している土地のうちに、広大地の適用が可能と考えられる土地があったとします。今までは、そのような土地があった場合は、何も手を入れず、現状のまま相続発生まで保有していたことが多かったと思われます。旧広大地評価の減額が大きかったため、土地の評価において旧広大地評価を適用できれば、相続税がかなり減額されたからです。

　例えば、三大都市圏に下記のような土地を所有していた場合に、旧広大地評価と新広大地評価を比較してみます。

＜事例8-1＞

三大都市圏に所在する宅地
正面路線価　　350,000円（普通住宅地区）
間口　　　　　　　40m
奥行　　　　　　　37.5m
地積　　　　　　　1,500㎡

旧広大地評価

評価額：275,625,000円
① 正面路線価
　　350,000円
② 広大地補正率
　　0.6－0.05×1,500㎡／1,000㎡＝0.525
③ 評価額
　　350,000円×0.525×1,500㎡＝275,625,000円

新広大地評価

```
評価額：367,080,000円
① 正面路線価
    350,000円
② 奥行価格補正率   ※改正後の奥行価格補正率を使用
    0.92
③ 1㎡当たりの価額
    350,000円×0.92＝322,000円
④ 1㎡当たりの価額×地積
    322,000円×1,500㎡＝483,000,000円
⑤ 規模格差補正率
    {(1,500㎡×0.90＋75)／1,500㎡}×0.8＝0.76
⑥ 評価額
    483,000,000円×0.76＝367,080,000円
```

上記の計算例の場合、改正後は土地の評価額が、91,455,000円も増加してしまいます。

広大地評価による減額幅が縮小されたことから、今後はむしろ生前に開発道路を考慮しておき、相続発生後に利用しやすくすることを検討することも一考かと思われます。

例えば、土地の真ん中に道路を通して、土地を二つに分けるとします。

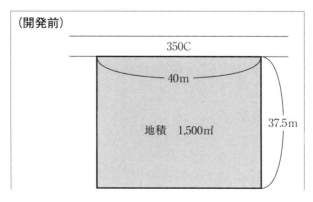

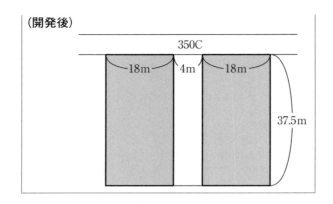

　実際の開発の際には、土地の測量、境界確定、分筆登記などが必要となります。これらの測量や登記は、手間や時間もかかり、通常は土地家屋調査士などに依頼して行いますが、諸費用が発生します。

　また、境界確定には近隣の方の立会いが必要となりますが、最近は空き家問題が社会問題となっており、所有者が亡くなった人の名義のままで相続登記がされておらず、相続人を探すのにも時間がかかるケースがあります。所有者がはっきりしている土地であっても、子供が独立して実家を離れると、近隣の方との付合いも疎遠になってしまい、協力を求めにくいことも多いでしょう。

　これらのことを考えると、親の生前のうちに準備しておけば、手続も比較的スムーズにでき、費用も親が負担することになりますから親の相続財産を減らす効果にもつながります。相続発生後に分筆を行おうとしても、相続人間で意見が分かれたり、誰がいくら費用を負担するかで揉めたりすることが多いものですから、そういった意味でも子供にとっては助かります。

　分筆した後の活用方法としては、下記のような方法が考えられます。

(1) 半分をアパート、半分は売却予定で更地にしておく

推定相続人が配偶者と子供1人の場合を想定します。

例えば、土地の半分は借入れをしてアパートを建設し、もう半分は、更地のままにしておきます。

相続が発生したら、アパートが建っている土地は配偶者が取得して、借入金も配偶者が引き継ぎます。アパートの敷地は、貸家建付地の減額をとることができ、家賃収入で配偶者の生活費も賄えます。もう半分の更地については、子供が取得して売却すれば、売却代金を相続税の納税資金に充てることが可能となります。

このケースの場合には、土地の評価額は下記のように変わります。

事例8-2：三大都市圏に所在する宅地

正面路線価　350,000円（普通住宅地区）　借地権割合　70%

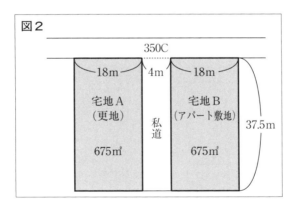

宅地Ａ

評価額：166,142,340円
① 正面路線価
350,000円
② 補正率　※改正後の補正率を使用
奥行価格補正率：0.92
奥行長大補正率：0.98
③ 1㎡当たりの価額
350,000円×0.92×0.98＝315,560円
④ 1㎡当たりの価額×地積
315,560円×675㎡＝213,003,000円
⑤ 規模格差補正率
｛(675㎡×0.95＋25)／675㎡｝×0.8＝0.78
⑥ 評価額
213,003,000円×0.78＝166,142,340円

宅地Ｂ

評価額：131,252,448円
① 自用地評価額
宅地Ａ①～⑥と同様
② 貸家建付地評価額
166,142,340円×(1－70%×30%)＝131,252,448円

私道

評価額：12,258,450円
① 正面路線価
350,000円
② 補正率　※改正後の補正率を使用
奥行価格補正率：0.92
間口狭小補正率：0.94
奥行長大補正率：0.90
③ 1㎡当たりの価額
350,000円×0.92×0.94×0.90×0.3＝81,723円
④ 評価額
81,723円×150㎡＝12,258,450円

宅地Ａ・宅地Ｂ・私道の評価額の合計　309,653,238円

　＜事例8-1＞でそのまま相続発生まで保有し、新広大地評価をした場合には、評価額367,080,000円ですから、＜事例8-2＞の対策をすることで評価額は約57,427,000円も減少したことになります。

　なお、＜事例8-2＞のケースでは、対策後も、宅地Ａと宅地Ｂは新広大地評価を適用できますが、分筆等により地積が500㎡（三大都市圏に所在する宅地）未満になる場合には、新広大地評価は全く適用できなくなります。

（2）宅地を２つに分筆し、相続人がそれぞれ１筆ずつ取得できるようにしておく

　推定相続人が子供２人で、土地は広大地１筆のみ所有している場合を想定します。

　このようなケースの場合、以前は、広大地を適用するために、分筆せずに、子供２人が共有で取得することが多かったと思われます。

　しかし、共有にすると、その後、土地を有効活用しようとしても、なかなか双方の意見が一致せず、面倒なことが多いものです。

　今後は、以前ほど広大地の減額がとれなくなることから、無理に広大地を適用するよりも、スムーズな遺産分割ができるように、生前に土地を分筆しておくことも検討すべきでしょう。子供２人が１筆ずつ取得できれば、相続後に、子供がそれぞれ土地を有効活用したり、売却したりすることが可能となります。

9 広大地に建物を建設する事例

旧広大地通達の下では、広大地評価の適用可否の判定が、個別具体的で非常に難解でした。そのため、「既に開発が了している土地」「既に最有効使用されている土地」として、広大地評価の適用が受けられないことを危惧し、相続発生まで更地のまま、活用せずに放置せざるを得ない状況も見られました。

改正により、新広大地通達の適用可否が画一的基準をもって示されたことにより、生前から積極的に有効活用を検討していく傾向が高まることが予想されます。

(1) 旧広大地通達

① 有効活用

広大地の適否の判定に当たり、対象地にマンション、ロードサイドであれば店舗などが既に建築されている場合、既存建物の存在のみをもって、広大地の適用が否認されるわけではないと、一般的には解されてはいました。

しかし、マンション等を建築することにより、広大地の適用を受けられなくなる可能性が否定できないことから、旧通達下においては、相続に当たって広大地の適用が期待できる土地について、有効活用が阻害されるという側面がありました。

② 相続税評価

旧広大地通達において、更地に広大地評価を適用する場合、路線価に対して広大地補正率を乗じて、評価額が算出されます。前述のとおり、広大地適用のため、更地のままか、または自宅として使用していることが多く、自用地評価額で評価されることが一般的でした。

（2）新広大地通達

① 有効活用

　新広大地通達においては、「地積規模の大きな宅地」に該当するかどうかについては、個別判断ではなく画一的に判断できるように改正されています。この改正により、旧通達の広大地適用の判定と異なり、その適用の判定について、実際の利用状況、つまり既存建物の有無・用途等に影響を受けないことになりました。

　このため、これまでは相続に際しての広大地適用を見据えて更地のままにされていた土地について、今後は賃貸マンション、ロードサイド型店舗の建築など、有効活用を検討する余地が生まれました。

　更地の状態であれば、毎年固定資産税の支払いのため支出だけが発生する状態ですが、賃貸物件を建築することにより、賃料収入を得ることができるようになり、また、固定資産税についても経費にすることができるようになります。

② 相続税評価

　相続税評価の面からも、賃貸物件を建てることによる効果が見込めます。例えば、1億円の現金を使って、更地に賃貸物件を建築する例を見てみましょう。

　先ず、建物についてですが、現金が家屋としての評価になるため、現金として100％で評価されていた財産が、固定資産税評価額にて評価されることになります。固定資産税評価額は現金であった場合と比べ、概ね50％くらいの評価額となります。さらに、賃貸物件の場合は貸家として固定資産税評価額の70％で評価されるため、財産評価額は単純に計算しても35％へと大きく下がることにつながります。

　次に、土地についてですが、賃貸アパートを建築することにより、これまでは自用地として評価されていた土地が、貸家建付地として評

価されることになります。仮に借地権割合が70％で賃貸割合が100％であった場合、下記算式に当てはめると、自用地に比べ79％の評価額となり、相続財産の評価額減額につながります。

> **貸家建付地評価額＝自用地とした場合の価額－自用地とした場合の価額×借地権割合（70%）×借家権割合（30%）×賃貸割合（100%）**

賃貸物件建築前と建築後の相続財産の評価額を比較すると下記のとおりです。

（所在地：三大都市圏、面積：500㎡、路線価による評価額：2億円と仮定）

（建築前かつ広大地改正前）

現金100,000千円

＋土地自用地評価額200,000千円×広大地補正率0.575

＝215,000千円

⇓

（建築後かつ広大地改正後）

家屋35,000千円

＋土地貸家建付地評価額200,000千円×0.79×規模格差補正率0.8

＝161,400千円

（3）改正が与える影響

上述のとおり、新広大地通達による評価額が旧広大地通達による評価額より大きくなってしまった場合でも、賃貸物件を建築するなどの活用によって、全体財産の評価額引下げへもつながることが想定されます。

したがって、新広大地通達の適用基準の画一化により、広大地の有効活用が進むことが予想されます。

10 新広大地評価が大きく出る場合には時価鑑定も

　相続税法上の土地評価に当たっては、原則として財産評価基本通達に則り路線価（倍率地域については固定資産税評価額）を用いて評価されますが、その評価額が通常の取引価額を著しく上回る場合、不動産鑑定士による鑑定評価額が用いられることがあります。

　相続税法第22条によると、「相続、遺贈又は贈与により取得した財産の価額は、当該財産の取得の時における時価による」と定められており、時価とは、「客観的な交換価値」を示す価額であると解されています。財産評価基本通達の定めに従い評価することで、画一的な評価が可能となる一方で、特殊な土地については通常の取引価額つまり時価よりも高く算出されてしまうことがあり、この場合、鑑定評価による時価を採用する余地があると解されています。

　今回の改正に当たっても、市街地山林など特殊な土地について、新広大地評価額が時価よりも高く算出されてしまう可能性があると考えられます。市街地山林について、旧広大地通達、新広大地通達を比較すると次のとおりとなります。

（1）改正前の評価

　市街地山林の価額は、その山林が宅地であるとした場合の1㎡当たりの価額から、その山林を宅地に転用する場合において通常必要と認められる1㎡当たりの造成費に相当する金額として、整地、土盛り又は土止めに要する費用の額がおおむね同一と認められる地域ごとに国税局長の定める金額を控除した金額に、その山林の地積を乗じて計算した金額によって評価します。

　ただし、その市街地山林の固定資産税評価額に地価事情の類似する地

域ごとに、その地域にある山林の売買実例価額、精通者意見価格等を基として国税局長の定める倍率を乗じて計算した金額によって評価することができるものとし、その倍率が定められている地域にある市街地山林の価額は、その山林の固定資産税評価額にその倍率を乗じて計算した金額によって評価します。

なお、その市街地山林について宅地への転用が見込めないと認められる場合には、その山林の価額は、近隣の純山林の価額に比準して評価する（評基通49）、とされています。

旧財産評価基本通達における市街地山林への、広大地の適用については、財産評価基本通達49－2において、「前項本文及びただし書の市街地山林が宅地であるとした場合において、24－4《広大地の評価》に定める広大地に該当するときは、その市街地山林の価額は、前項の定めにかかわらず、24－4の定めに準じて評価する。ただし、その市街地山林を24－4の定めによって評価した価額が前項本文及びただし書の定めによって評価した価額を上回る場合には、前項の定めによって評価することに留意する」と規定されていました。

つまり、旧通達においては、財産評価基本通達49による評価額と、広大地による評価額のいずれか低い価額によって評価することされていました。

（2）改正後の評価

改正後は、財産評価基本通達49－2が廃止され、市街地山林の広大地については、財産評価基本通達49に基づいて評価を行ない、「地積規模の大きな宅地の評価」に規定されている規模格差補正率を乗じることにより、評価を行うものと解されます。

（3）時価鑑定の検討

　市街地山林は個別性が強く、買い手が限定されることから、相続税評価額と時価との間に乖離が生じる可能性があります。

　また、市街地山林は一般的に地積が大きいため、広大地補正率と規模格差補正率の開きの影響がダイレクトに響き、旧広大地評価より新広大地評価が相当高額になることも考えられます。新広大地評価額が時価と比べ著しく高いときは、不動産鑑定士による鑑定評価額をもって、申告をすることも選択肢の一つと考えられます。

【広大な市街地山林の評価の整理】
＜改正前＞

①　市街地山林の評価

　　イ　（（イ）－（ロ））×地積

　　　（イ）：その山林が宅地であるとした場合の１㎡当たりの価額

　　　（ロ）：宅地に転用する場合において通常必要と認められる１㎡当たりの造成費

　　ロ　固定資産税評価額×倍率

　　　→原則イで評価するが、純山林に準じる場合にはロによることができます。

②　広大地の評価

　　路線価×広大地補正率×地積

　　広大地補正率＝0.6－0.05×広大地の地積÷1,000㎡

③　評価額

　　②を採用。ただし、②＞①のときは①により評価。

④　鑑定評価の検討

　　③＞時価…鑑定評価による時価評価の検討

＜改正後＞

① 市街地山林の評価

　イ　（（イ）－（ロ））×地積

　　（イ）：その山林が宅地であるとした場合の１㎡当たりの価額（規模格差補正率も適用可）

　　（ロ）：宅地に転用する場合において通常必要と認められる1㎡当たりの造成費

　ロ　固定資産税評価額×倍率

　　→原則イで評価するが、純山林に準じる場合にはロによることができます。

② 鑑定評価の検討

　①＞時価…鑑定評価による時価評価の検討

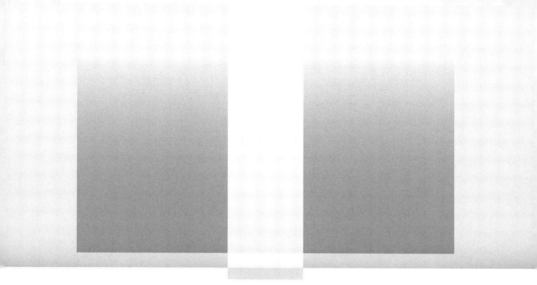

参考資料

「財産評価基本通達」の一部改正について（法令解釈通達）（平成29年9月20日付課評2－46ほか2課共同）

(別紙)

（注） 下線を付した部分が改正部分である。

新 旧 対 照 表

改 正 後	改 正 前
第2章　土地及び土地の上に存する権利 第2節　宅地及び宅地の上に存する権利 （土地の評価上の区分） 7　土地の価額は、次に掲げる地目の別に評価する。ただし、一体として利用されている一団の土地が2以上の地目からなる場合には、その一団の土地は、そのうちの主たる地目からなるものとして、その一団の土地ごとに評価するものとする。 　なお、市街化調整区域（都市計画法（昭和43年法律第100号）第7条（区域区分）第3項に規定する「市街化調整区域」をいう。以下同じ。）以外の都市計画区域（同法第4条（定義）第2項に規定する「都市計画区域」をいう。以下同じ。）で市街地的形態を形成する地域において、40（市街地農地の評価）の本文の定めにより評価する市街地農地（40－3（生産緑地の評価）に定める生産緑地を除く。）、40－2（広大な市街地農地等の評価）の本文の定めにより評価する市街地農地（40－3に定める生産緑地を除く。）、49（広大な市街地山林の評価）の本文の定めにより評価する市街地山林、49－2（市街地原野の評価）の本文の定めにより評価する市街地原野、58－3（市街地原野の評価）の本文の定めにより評価する市街地原野、58－4（広大な市街地原野の評価）の本文の定めにより評価する市街地原野又は82（雑種地の評価）の本文の定めにより評価する2以上の地目の土地が隣接しており、その形状、地積の大小、位置等からみてこれらを一団として評価することが合理的と認められる場合には、その一団の土地ごとに評価するものとする。 　地目は、課税時期の現況によって判定する。 (1)～10　（同　左） （注）　（同　左） （評価単位） 7－2　土地の価額は、次に掲げる評価単位ごとに評価することとし、土地の上に存する権利についても同様とする。	第2章　土地及び土地の上に存する権利 第2節　宅地及び宅地の上に存する権利 （土地の評価上の区分） 7　土地の価額は、次に掲げる地目の別に評価する。ただし、一体として利用されている一団の土地が2以上の地目からなる場合には、その一団の土地は、そのうちの主たる地目からなるものとして、その一団の土地ごとに評価するものとする。 　なお、市街化調整区域（都市計画法（昭和43年法律第100号）第7条（区域区分）第3項に規定する「市街化調整区域」をいう。以下同じ。）以外の都市計画区域（同法第4条（定義）第2項に規定する「都市計画区域」をいう。以下同じ。）で市街地的形態を形成する地域において、40（市街地農地の評価）の本文の定めにより評価する市街地農地、49（市街地山林の評価）の本文の定めにより評価する市街地山林又は82（雑種地の評価）の本文の定めにより評価する2以上の地目の土地が隣接しており、その形状、地積の大小、位置等からみてこれらを一団として評価することが合理的と認められる場合には、その一団の土地ごとに評価するものとする。 　地目は、課税時期の現況によって判定する。 (1)～10　（省　略） （注）　（省　略） （評価単位） 7－2　土地の価額は、次に掲げる評価単位ごとに評価することとし、土地の上に存する権利についても同様とする。

改正後	改正前
(1)（省　略） (2) 田及び畑 　田及び畑（以下「農地」という。）は、1枚の農地（耕作の単位となっている1区画の農地をいう。以下同じ。）を評価単位とする。 　ただし、36－3（市街地周辺農地の範囲）に定める市街地周辺農地、40（市街地農地等の評価）の本文の定めにより評価する市街地農地及び40－3（生産緑地の評価）に定める生産緑地は、それぞれを利用の単位となっている一団の農地を評価単位とする。この場合において、(1)の(注)に定める場合に該当するときは、その(注)を準用する。 (3) 山林 　山林は、1筆（地方税法（昭和25年法律第226号）第341条（固定資産税に関する用語の意義）第10号に規定する土地課税台帳又は同条第11号に規定する土地補充課税台帳に登録された1筆をいう。以下同じ。）の山林を評価単位とする。 　ただし、49（市街地山林の評価）の本文の定めにより評価する市街地山林は、利用の単位となっている一団の山林を評価単位とする。この場合において、(1)の(注)に定める場合に該当するときは、その(注)を準用する。 (4) 原野 　原野は、1筆の原野を評価単位とする。 　ただし、58－3（市街地原野の評価）の本文の定めにより評価する市街地原野は、利用の単位となっている一団の原野を評価単位とする。この場合において、(1)の(注)に定める場合に該当するときは、その(注)を準用する。 (5)～(7)（省　略） (注)（省　略） （路線価方式） 13 路線価方式とは、その宅地の面する路線に付された路線価を基とし、15（奥行価格補正）から20－6（容積率の異なる2以上の地域にわたる宅地の評価）までの定めにより計算した金額によって評価する方式をいう。	(1)（同　略） (2) 田及び畑 　田及び畑（以下「農地」という。）は、1枚の農地（耕作の単位となっている1区画の農地をいう。以下同じ。）を評価単位とする。 　ただし、36－3（市街地周辺農地の範囲）に定める市街地周辺農地、40（市街地農地等の評価）の本文の定めにより評価する市街地農地、40－2（広大な市街地農地等の評価）の本文の定めにより評価する市街地農地及び40－3（生産緑地の評価）に定める生産緑地は、それぞれを利用の単位となっている一団の農地を評価単位とする。この場合において、(1)の(注)に定める場合に該当するときは、その(注)を準用する。 (3) 山林 　山林は、1筆（地方税法（昭和25年法律第226号）第341条（固定資産税に関する用語の意義）第10号に規定する土地課税台帳又は同条第11号に規定する土地補充課税台帳に登録された1筆をいう。以下同じ。）の山林を評価単位とする。 　ただし、49（市街地山林の評価）の本文の定めにより評価する市街地山林及び49－2（広大な市街地山林の評価）の本文の定めにより評価する市街地山林は、利用の単位となっている一団の山林を評価単位とする。この場合において、(1)の(注)に定める場合に該当するときは、その(注)を準用する。 (4) 原野 　原野は、1筆の原野を評価単位とする。 　ただし、58－3（市街地原野の評価）の本文の定めにより評価する市街地原野及び58－4（広大な市街地原野の評価）の本文の定めにより評価する市街地原野は、利用の単位となっている一団の原野を評価単位とする。この場合において、(1)の(注)に定める場合に該当するときは、その(注)を準用する。 (5)～(7)（同　左） (注)（同　左） （路線価方式） 13 路線価方式とは、その宅地の面する路線に付された路線価を基とし、15（奥行価格補正）から20－5（容積率の異なる2以上の地域にわたる宅地の評価）までの定めにより計算した金額によって評価する方式をいう。

改正後

（地積規模の大きな宅地の評価）

20－2　地積規模の大きな宅地（三大都市圏においては500 ㎡以上の地積の宅地、それ以外の地域においては1,000 ㎡以上の地積の宅地をいい、次の(1)から(3)までのいずれかに該当するものを除く。以下本項において「地積規模の大きな宅地」という。）で14－2（地区）の定めにより普通商業・併用住宅地区及び普通住宅地区として定められた地域に所在するものの価額は、15（奥行価格補正）から前項までの定めにより計算した価額に、その宅地の地積の規模に応じ、次の算式により求めた規模格差補正率を乗じて計算した価額によって評価する。

(1) 市街化調整区域（都市計画法第34条第10号又は第11号の規定に基づき宅地分譲に係る同法第4条（定義）第12項に規定する開発行為を行うことができる区域を除く。）に所在する宅地

(2) 都市計画法第8条（地域地区）第1項第1号に規定する工業専用地域に所在する宅地

(3) 容積率（建築基準法（昭和25年法律第201号）第52条（容積率）第1項に規定する建築物の延べ面積の敷地面積に対する割合をいう。）が10分の40（東京都の特別区（地方自治法（昭和22年法律第67号）第281条（特別区）第1項に規定する特別区をいう。）においては10分の30）以上の地域に所在する宅地

（算式）

規模格差補正率＝ $\dfrac{Ⓐ \times Ⓑ + Ⓒ}{地積規模の大きな宅地の地積（Ⓐ）} \times 0.8$

上の算式中の「Ⓑ」及び「Ⓒ」は、地積規模の大きな宅地が所在する地域に応じ、それぞれ次に掲げる表のとおりとする。

改正前

（新設）

改　正　前	改　正　後

改正後

イ　三大都市圏に所在する宅地

地積㎡	地区区分 記号	普通商業・併用住宅地区 (B)	普通住宅地区 (C)
500以上　1,000未満		0.95	25
1,000 〃　3,000 〃		0.90	75
3,000 〃　5,000 〃		0.85	225
5,000 〃		0.80	475

ロ　三大都市圏以外の地域に所在する宅地

地積㎡	地区区分 記号	普通商業・併用住宅地区 (B)	普通住宅地区 (C)
1,000以上　3,000未満		0.90	100
3,000 〃　5,000 〃		0.85	250
5,000 〃		0.80	500

(注)1　上記算式により計算した規模格差補正率は、小数点以下第2位未満を切り捨てる。

2　「三大都市圏」とは、次の地域をいう。

イ　首都圏整備法(昭和31年法律第83号)第2条((定義))第3項に規定する既成市街地又は同条第4項に規定する近郊整備地帯

ロ　近畿圏整備法(昭和38年法律第129号)第2条((定義))第3項に規定する既成都市区域又は同条第4項に規定する近郊整備区域

ハ　中部圏開発整備法(昭和41年法律第102号)第2条((定義))第3項に規定する都市整備区域

(無道路地の評価)

20－3　無道路地の価額は、実際に利用している路線の路線価に基づき20((不整形地の評価))又は市町村の定めによって計算した価額からその価額の100分の40の範囲内において相当と認める金額を控除した価額によって評価する。この場合において、100分の40の範囲内において相当と認める金額は、無道路地について建築基準法その他の法令において規定されている建築物を建築するために必要な道路

改正前

(無道路地の評価)

20－2　無道路地の価額は、実際に利用している路線の路線価に基づき20((不整形地の評価))の定めによって計算した価額からその価額の100分の40の範囲内において相当と認める金額を控除した価額によって評価する。この場合において、100分の40の範囲内において相当と認める金額は、無道路地について建築基準法(昭和25年法律第201号)その他の法令において規定されている建築物を建築

改正後	改正前
に接すべき最小限の間口距離の要件（以下「接道義務」という。）に基づき最小限度の通路を開設する場合のその通路に相当する部分の価額（路線価に地積を乗じた価額）とする。 （注）（省　略） **（間口が狭小な宅地等の評価）** <u>20-4</u>　次に掲げる宅地（不整形地及び無道路地を除く。）の価額は、15（（奥行価格補正）から<u>18（（三方又は四方路線影響加算）</u>までの定めにより計算した1平方メートル当たりの価額にそれぞれ次に掲げる補正率表に定める補正率を乗じて求めたその宅地の地積を乗じて計算した価額によって評価する。この場合において、地積が大きいその等にあっては、近傍の宅地の価額との均衡を考慮し、それぞれの補正率表に定める補正率を適宜修正することができる。 <u>なお、20-2（（地積規模の大きな宅地の評価）の定めの適用がある場合には、この定めにより評価した価額に、20-2に定める規模格差補正率を乗じて計算する。</u> <u>本項本文の定めにより評価した価額によって計算する。</u> (1)及び(2)　（省　略） **（がけ地等を有する宅地等の評価）** <u>20-5</u>　がけ地等で通常の用途に供することができないと認められる部分を有する宅地の価額は、その宅地のうちにそのようながけ地等が存しないとした場合の価額に、その宅地の総地積に対するがけ地部分等通常の用途に供することができないと認められる部分の地積の割合に応じて付表8「がけ地補正率表」に定める補正率を乗じて計算した価額によって評価する。 **（容積率の異なる2以上の地域にわたる宅地の評価）** <u>20-6</u>　容積率（建築基準法第52条に規定する建築物の延べ面積の敷地面積に対する割合をいう。以下同じ。）の異なる2以上の地域にわたる宅地の価額は、15（（奥行価格補正）から前項までの定めにより評価した価額から、その価額に次の算式により計算した割合を乗じて計算した金額を控除した価額によって評価する。この場合において次の算式により計算した「容積率が価額に及ぼす影響度」は、14-2（地区）に定める地区に応じて下表のとおりとする。 （算式）　（省　略）	するために必要な道路に接すべき最小限の間口距離の要件（以下「接道義務」という。）に基づき最小限度の通路を開設する場合のその通路に相当する部分の価額（路線価に地積を乗じた価額）とする。 （注）（同　左） **（間口が狭小な宅地等の評価）** 20-3　次に掲げる宅地（不整形地及び無道路地を除く。）の価額は、15（（奥行価格補正）の定めにより計算した1平方メートル当たりの価額にそれぞれ次に掲げる補正率表に定める補正率を乗じて求めたその宅地の地積を乗じて計算した価額によって評価する。この場合において、地積が大きいその等にあっては、近傍の宅地の価額との均衡を考慮し、それぞれの補正率表に定める補正率を適宜修正することができる。 (1)及び(2)　（同　左） **（がけ地等を有する宅地等の評価）** 20-4　がけ地等で通常の用途に供することができないと認められる部分を有する宅地の価額は、その宅地のうちにそのようながけ地等が存しないとした場合の価額に、その宅地の総地積に対するがけ地部分等通常の用途に供することができないと認められる部分の地積の割合に応じて付表8「がけ地補正率表」に定める補正率を乗じて計算した価額によって評価する。 **（容積率の異なる2以上の地域にわたる宅地の評価）** 20-5　容積率（建築基準法第52条に規定する建築物の延べ面積の敷地面積に対する割合をいう。以下同じ。）の異なる2以上の地域にわたる宅地の価額は、15（（奥行価格補正）から前項までの定めにより評価した価額から、その価額に次の算式により計算した割合を乗じて計算した金額を控除した価額によって評価する。この場合において次の算式により計算した「容積率が価額に及ぼす影響度」は、14-2（地区）に定める地区に応じて下表のとおりとする。 （算式）　（同　左）

参考資料　145

改　正　後	改　正　前
○　容積率が価額に及ぼす影響度 （注）（省　略） （倍率方式による評価） 21-2　倍率方式により評価する宅地の価額は、その宅地の固定資産税評価額に、その宅地にある宅地の売買実例価額、公示価格、不動産鑑定士等による鑑定評価額、精通者意見価格等を基として国税局長の定める倍率を乗じて計算した金額によって評価する。ただし、倍率方式により評価する宅地（以下「倍率地域」という。）に所在する宅地（22-2（大規模工場用地）に定める大きな宅地の評価）に定める大規模工場用地を除く。）の価額については、本項本文の定めにより評価した価額が、その宅地の地積が標準的な間口距離及び奥行距離を有する宅地であるとした場合の1平方メートル当たりの価額を14（路線価）に定める路線価とし、かつ、その宅地が14-2（地区）に定める普通住宅地区に所在するものとして20-2の定めにより計算した価額を上回る場合には、20-2の定めに準じて計算した価額によって評価する。 （大規模工場用地の評価） 22　大規模工場用地の評価は、次に掲げる区分に従い、それぞれ次に掲げるところにより、次により計算した価額の100分の95に相当する価額によって評価する。 (1)　（省　略） (2)　倍率地域に所在する大規模工場用地の価額は、その大規模工場用地の固定資産税評価額に倍率を乗じて計算した金額によって評価する。 24-4　（削　除）	○　容積率が価額に及ぼす影響度 （注）（同　左） （倍率方式による評価） 21-2　倍率方式により評価する宅地の価額は、その宅地の固定資産税評価額に、その宅地にある宅地の売買実例価額、公示価格、不動産鑑定士等による鑑定評価額、精通者意見価格等を基として国税局長の定める倍率を乗じて計算した金額によって評価する。 （大規模工場用地の評価） 22　大規模工場用地の評価は、次に掲げる区分に従い、それぞれ次に掲げるものの価額は、次により計算した価額の100分の95に相当する価額によって評価する。 (1)　（同　左） (2)　倍率方式により評価する地域（以下「倍率地域」という。）に所在する大規模工場用地の価額は、その大規模工場用地の固定資産税評価額に倍率を乗じて計算した金額によって評価する。 （広大地の評価） 24-4　その地域における標準的な宅地の地積に比して著しく地積が広大な宅地で都市計画法第4条（定義）第12項に規定する開発行為（以下本項において「開発行為」という。）を行うとした場合に公共公益的施設用地の負担が必要と認められるもの（22-2（大規模工場用地）に定める大規模工場用地に該当するもの及び中高層の集合住宅等の敷地用地に適しているもの（その宅地について、経済

改正後	改正前
	的に最も合理的であると認められる開発行為が住宅等を建築することを目的とするものであると認められるもの（中高層の集合住宅等を建築することを目的とするものであると認められるものを除く。以下「広大地」という。）の価額は、原則として、次に掲げる区分に従い、それぞれ次により計算した金額によって評価する。 (1) その広大地が路線価地域に所在する場合　その広大地の面する路線の路線価に、15（奥行価格補正）から20-5（容積率の異なる2以上の地域にわたる宅地の評価）までの定めに代わるものとして次の算式により求めた広大地補正率を乗じて計算した価額にその広大地の地積を乗じて計算した金額 $$広大地補正率＝0.6－0.05×\frac{広大地の地積}{1,000㎡}$$ (2) その広大地が倍率地域に所在する場合 　その広大地の近傍にある間口距離及び奥行距離を有する宅地であるとした場合の1平方メートル当たりの価額を14（路線価）に定める路線価として、上記(1)に準じて計算した金額 （注1　本項本文に定める「公共公益的施設用地」とは、都市計画法第4条（定義）第14項に規定する道路、公園等の公共施設の用に供される土地及び都市計画法施行令（昭和44年政令第158号）第27条に掲げる教育施設、医療施設等の公益的施設の用に供される土地（その他これらに準ずる施設で、開発行為の許可を受けるために必要とされる施設の用に供される土地を含む。）をいうものとする。 2　本項1の「その広大地の面する路線の路線価」は、その路線が2以上ある場合には、原則として、その広大地の面する路線の路線価のうち最も高いものとする。 3　本項によって評価する広大地は、5,000㎡以下の地積のものとする。したがって、広大地補正率は0.35が下限となることに留意する。 4　本項(1)又は(2)に準じて計算した価額が、その広大地を11（評価の方式）から21-2（倍率方式による評価）まで及び24-6（セットバックを必要とする宅地の評価）の定めにより評価した価額を上回る場合には、その広大地の価額は、その定めにより評価することに留意する。

改　正　後	改　正　前
(セットバックを必要とする宅地の評価) 24－6　建築基準法第42条(道路の定義)第2項に規定する道路に面しており、将来、建物の建替え等の際に同法の規定に基づき道路敷きとして提供しなければならない部分を有する宅地の価額は、その宅地について道路敷きとして提供する必要がないものとした場合の価額から、その価額に次の算式により計算した割合を乗じて計算した金額を控除した価額によって評価する。 (算式)　(省　略) **(貸宅地の評価)** 25　宅地の上に存する権利の目的となっている宅地の評価は、次に掲げる区分に従い、それぞれ次に掲げるところによる。 (1)　借地権の目的となっている宅地の価額は、11(評価の方式)から22－3(大規模工場用地の路線価及び倍率)まで、24(私道の用に供されている宅地の評価)、24－2(土地区画整理事業施行中の宅地の評価)及び24－6(セットバックを必要とする宅地の評価)から24－8(文化財建造物である家屋の敷地の用に供されている宅地の価額　以下この節において「自用地としての価額」という。)から27(借地権の評価)までの定めにより評価したその宅地の価額(同項のただし書の定めに該当するときは、同項に定める借地権割合を100分の20として計算した価額とする。25－3(土地の上に存する権利が競合する場合の宅地の評価)において27－6(土地の上に存する権利が競合する場合の借地権等の評価)の定めにより借地権の価額を計算する場合における同じ。)を控除した金額によって評価する。 ただし、・・・・・。 (2)～(5)　(省　略)	**(セットバックを必要とする宅地の評価)** 24－6　建築基準法第42条第2項に規定する道路に面しており、将来、建物の建替え等に時等に同法の規定に基づき道路敷きとして提供する宅地の価額は、その宅地について道路敷きとして道路敷きとして提供する必要がないものとした場合の価額から、その価額に次の算式により計算した割合を乗じて計算した金額を控除した価額を24－4(広大地の評価)(1又は2により計算した価額によって評価する場合を含む。)、本項の定めは適用しないものとする。 (算式)　(同　左) **(貸宅地の評価)** 25　宅地の上に存する権利の目的となっている宅地の評価は、次に掲げる区分に従い、それぞれ次に掲げるところによる。 (1)　借地権の目的となっている宅地の価額は、11(評価の方式)から22－3(大規模工場用地の路線価及び倍率)まで、24(私道の用に供されている宅地の評価)、24－2(土地区画整理事業施行中の宅地の評価)、24－4(広大地の評価)、24－6(セットバックを必要とする宅地の評価)から24－8(文化財建造物である家屋の敷地の用に供されている宅地の価額　以下この節において「自用地としての価額」という。)から27(借地権の評価)までの定めにより評価したその宅地の価額(同項のただし書の定めに該当するときは、同項に定める借地権割合を100分の20として計算した価額とする。25－3(土地の上に存する権利が競合する場合の宅地の評価)において27－6(土地の上に存する権利が競合する場合の借地権等の評価)の定めにより借地権の価額を計算する場合における同じ。)を控除した金額によって評価する。 ただし、・・・・・。 (2)～(5)　(同　左)

改正後

付表1　奥行価格補正率表

奥行距離(メートル)	ビル街地区	高度商業地区	繁華街地区	普通商業・併用住宅地区	普通住宅地区	中小工場地区	大工場地区
4未満	0.80	0.90	0.90	0.90	0.90	0.85	0.85
4以上 6未満		0.92	0.92	0.92	0.92	0.90	0.90
6〃 8〃	0.84	0.94	0.95	0.95	0.95	0.93	0.93
8〃 10〃	0.88	0.96	0.97	0.97	0.97	0.95	0.95
10〃 12〃	0.90	0.98	0.99	0.99	1.00	0.96	0.96
12〃 14〃	0.91	0.99	1.00	1.00		0.97	0.97
14〃 16〃	0.92	1.00				0.98	0.98
16〃 20〃	0.93					0.99	0.99
20〃 24〃	0.94					1.00	1.00
24〃 28〃	0.95	0.99			0.97		
28〃 32〃	0.96	0.98		0.98	0.95		
32〃 36〃	0.97	0.97	0.98	0.96	0.93		
36〃 40〃	0.98	0.96	0.96	0.94	0.92		
40〃 44〃	0.99	0.95	0.94	0.92	0.91		
44〃 48〃	1.00	0.94	0.92	0.91	0.90		
48〃 52〃		0.93	0.91	0.90	0.89		
52〃 56〃		0.92	0.90	0.88	0.88		
56〃 60〃		0.91	0.88	0.87	0.87		
60〃 64〃		0.90	0.87	0.86	0.86	0.99	
64〃 68〃		0.89	0.86	0.85	0.85	0.98	
68〃 72〃		0.88	0.85	0.84	0.84	0.97	
72〃 76〃		0.87	0.84	0.83	0.83	0.96	
76〃 80〃		0.86	0.83	0.82		0.93	
80〃 84〃		0.85	0.82	0.81	0.82		
84〃 88〃		0.84	0.81	0.80			
88〃 92〃		0.83	0.80		0.81	0.90	
92〃 96〃	0.99	0.82					
96〃 100〃	0.97	0.81					
100〃	0.95	0.80			0.80		

改正前

付表1　奥行価格補正率表

奥行距離(メートル)	ビル街地区	高度商業地区	繁華街地区	普通商業・併用住宅地区	普通住宅地区	中小工場地区	大工場地区
4未満	0.80	0.90	0.90	0.90	0.90	0.85	0.85
4以上 6未満		0.92	0.92	0.92	0.92	0.90	0.90
6〃 8〃	0.84	0.94	0.95	0.95	0.95	0.93	0.93
8〃 10〃	0.88	0.96	0.97	0.97	0.97	0.95	0.95
10〃 12〃	0.90	0.98	0.99	0.99	1.00	0.96	0.96
12〃 14〃	0.91	0.99	1.00	1.00		0.97	0.97
14〃 16〃	0.92	1.00				0.98	0.98
16〃 20〃	0.93					0.99	0.99
20〃 24〃	0.94					1.00	1.00
24〃 28〃	0.95	0.99	0.98	0.98	0.99		
28〃 32〃	0.96	0.98	0.96	0.96	0.98		
32〃 36〃	0.97	0.97	0.94	0.94	0.96		
36〃 40〃	0.98	0.96	0.92	0.92	0.94		
40〃 44〃	0.99	0.95	0.90	0.90	0.92		
44〃 48〃	1.00	0.94	0.88	0.88	0.91		
48〃 52〃		0.93	0.87	0.87	0.90		
52〃 56〃		0.92	0.86	0.86	0.88		
56〃 60〃		0.90	0.85	0.85	0.87		
60〃 64〃		0.88	0.84	0.84	0.86	0.99	
64〃 68〃		0.86	0.83	0.83	0.85	0.98	
68〃 72〃		0.84	0.82	0.82	0.84	0.97	
72〃 76〃		0.82	0.81	0.81	0.83	0.96	
76〃 80〃		0.80	0.80	0.80	0.82	0.93	
80〃 84〃					0.81		
84〃 88〃					0.80		
88〃 92〃						0.90	
92〃 96〃	0.99						
96〃 100〃	0.97						
100〃	0.95				0.80		

改正後	改正前
第3節　農地及び農地の上に存する権利 **(市街地農地の評価)** 40　市街地農地の価額は、その農地が宅地であるとした場合の1平方メートル当たりの価額からその農地を宅地に転用する場合において通常必要と認められる1平方メートル当たりの造成費に相当する金額として、整地、土盛り又は土止めに要する費用の額がおおむね同一と認められる地域ごとに国税局長の定める金額を控除した金額に、その農地の地積を乗じて計算した金額によって評価する。 ただし、・・・・。 (注)　その農地が宅地であるとした場合の1平方メートル当たりの価額は、その付近にある宅地について11(評価の方式)に定める方式によって評価した1平方メートル当たりの価額を基とし、その宅地とその農地との位置、形状等の条件の差を考慮して評価するものとする。 なお、その農地が宅地であるとした場合の1平方メートル当たりの価額については、その農地が宅地であるとした場合において20-2((地積規模の大きな宅地の評価))の定めの適用対象となるとき(21-2((倍率方式による評価))ただし書において20-2の定めを準用するときを含む。)には、同項の定めを適用して計算することに留意する。 40-2　(削除) **(貸し付けられている農地の評価)** 41　耕作権、永小作権等の目的となっている農地の評価は、次に掲げる区分に従い、それぞれ次に掲げるところによる。	**第3節　農地及び農地の上に存する権利** **(市街地農地の評価)** 40　市街地農地の価額は、その農地が宅地であるとした場合の1平方メートル当たりの価額からその農地を宅地に転用する場合において通常必要と認められる1平方メートル当たりの造成費に相当する金額として、整地、土盛り又は土止めに要する費用の額がおおむね同一と認められる地域ごとに国税局長の定める金額を控除した金額に、その農地の地積を乗じて計算した金額によって評価する。 ただし、・・・・。 (注)　その農地が宅地であるとした場合の1平方メートル当たりの価額は、その付近にある宅地について11(評価の方式)に定める方式によって評価した1平方メートル当たりの価額を基とし、その宅地とその農地との位置、形状等の条件の差を考慮して評価するものとする。 **(広大な市街地農地の評価)** 40-2　前2項の市街地農地及び市街地周辺農地が宅地であるとした場合において、24-4(広大地の評価)に定める広大地に該当するときは、その市街地周辺農地及び市街地農地の価額は、前2項の定めにかかわらず、24-4の定めに準じて評価する。ただし、市街地周辺農地及び市街地農地を24-4の定めによって評価した価額が2項の定めによって評価した価額を上回る場合には、前2項の定めによって評価する。 (注)　本項の適用を受ける農地の市街地周辺農地である場合には、24-4の定めに準じて評価した価額の100分の80に相当する価額によって評価することに留意する。 **(貸し付けられている農地の評価)** 41　耕作権、永小作権等の目的となっている農地の評価は、次に掲げる区分に従い、それぞれ次に掲げるところによる。

改　正　後	改　正　前
(1) 耕作権の目的となっている農地の価額は、37（（純農地の評価）から 40（（市街地農地の評価）までの農地の評価（以下この節において「自用地としての価額」という。）から、42（（耕作権の評価）の定めにより評価した耕作権の価額を控除した金額によって評価する。 (2)～(4)　（省　略） **第4節　山林及び山林の上に存する権利** （市街地山林の評価） 49　市街地山林の価額は、その山林が宅地であるとした場合の1平方メートル当たりの価額から、その山林を宅地に転用する場合において通常必要と認められる1平方メートル当たりの造成費に相当する金額として、整地、土盛り又は土止めに要する費用の額がおおむね同一と認められる地域ごとに国税局長の定める金額を控除した金額に、その山林の地積を乗じて計算した金額によって評価する。 ただし、・・・・。 なお、・・・・。 （注）1　その山林が宅地であるとした場合の1平方メートル当たりの価額は、その付近にある宅地について 11（（評価の方式）に定める方式によって評価した1平方メートル当たりの価額を基とし、その宅地とその山林との位置、形状等の条件の差を考慮して評価する。 なお、その山林が宅地であるとした場合の1平方メートル当たりの価額については、その山林が宅地であるとした場合の地積が 20-2（（地積規模の大きな宅地の評価）の定めの適用対象となるとき（21-2（（倍率方式による評価）ただし書において 20-2の定めを適用するときを含む。）には、同項の定めを適用して計算することに留意する。 　　2　（省　略） 49-2　（削　除）	(1) 耕作権の目的となっている農地の価額は、37（（純農地の評価）から 40-2（（広大な市街地農地等の評価）までの農地の評価（以下この節において「自用地としての価額」という。）から、42（（耕作権の評価）の定めにより評価した耕作権の価額を控除した金額によって評価する。 (2)～(4)　（同　左） **第4節　山林及び山林の上に存する権利** （市街地山林の評価） 49　市街地山林の価額は、その山林が宅地であるとした場合の1平方メートル当たりの価額から、その山林を宅地に転用する場合において通常必要と認められる1平方メートル当たりの造成費に相当する金額として、整地、土盛り又は土止めに要する費用の額がおおむね同一と認められる地域ごとに国税局長の定める金額を控除した金額に、その山林の地積を乗じて計算した金額によって評価する。 ただし、・・・・。 なお、・・・・。 （注）1　その山林が宅地であるとした場合の1平方メートル当たりの価額は、その付近にある宅地について 11（評価の方式）に定める方式によって評価した1平方メートル当たりの価額を基とし、その宅地とその山林との位置、形状等の条件の差を考慮して評価する。 　　2　（同　左） （広大な市街地山林の評価） 49-2　前項本文及びただし書の市街地山林が宅地であるとした場合において、24-4（（広大地の評価）に定める広大地に該当するときは、その市街地山林の価額は、前項の定めにかかわらず、24-4の定めに準じて評価する。ただし、その市街地山林を 24-4の定めによって評価した価額が前項本文及びただし書の定め

改正後	改正前
	によって評価した価額を上回る場合には、前項の定めによって評価することに留意する。
(保安林等の評価) 50 森林法(昭和26年法律第249号)その他の法令の規定に基づき土地の利用又は立木の伐採について制限を受けている山林(次項の定めにより評価するものを除く。)の価額は、45(評価の方式)から49-2(広大な市街地山林の評価)までの定めにより評価した価額(その山林が森林法第25条(指定)の規定により保安林として指定されており、かつ、倍率方式により評価すべきものに該当するときは、その山林の付近にある山林につき45から49-2までの定めにより評価する価額)から、その価額に次の立木について123((保安林等の立木の評価))に定める割合を乗じて計算した金額を控除して評価する。 (注) (省 略)	**(保安林等の評価)** 50 森林法(昭和26年法律第249号)その他の法令の規定に基づき土地の利用又は立木の伐採について制限を受けている山林(次項の定めにより評価するものを除く。)の価額は、45(評価の方式)から49-2(広大な市街地山林の評価)までの定めにより評価した価額(その山林が森林法第25条(指定)の規定により保安林として指定されており、かつ、倍率方式により評価すべきものに該当するときは、その山林の付近にある山林につき45から49-2までの定めにより評価する価額)から、その価額に次の立木について123((保安林等の立木の評価))に定める割合を乗じて計算した金額を控除して評価する。 (注) (同 左)
(特別緑地保全地区内にある山林の評価) 50-2 都市緑地法(昭和48年法律第72号)第12条に規定する特別緑地保全地区(首都圏近郊緑地特別保全地区(昭和41年法律第101号)第4条第2項第3号に規定する近郊緑地特別保全地区及び近畿圏の保全区域の整備に関する法律(昭和42年法律第103号)第6条第2項に規定する近郊緑地特別保全地区を含む。以下本項、58-5(特別緑地保全地区内にある原野の評価)及び123-2(特別緑地保全地区内にある立木の評価)において「特別緑地保全地区」という。)内にある山林(林業を営むために立木の伐採が認められる山林で、かつ、純山林に該当するものを除く。)の価額は、45(評価の方式)から49(市街地山林の評価)までの定めにより評価した価額から、その価額に100分の80を乗じて計算した金額を控除して評価する。	**(特別緑地保全地区内にある山林の評価)** 50-2 都市緑地法(昭和48年法律第72号)第12条に規定する特別緑地保全地区(首都圏近郊緑地特別保全地区(昭和41年法律第101号)第4条第2項第3号に規定する近郊緑地特別保全地区及び近畿圏の保全区域の整備に関する法律(昭和42年法律第103号)第6条第2項に規定する近郊緑地特別保全地区を含む。以下本項、58-5(特別緑地保全地区内にある原野の評価)及び123-2(特別緑地保全地区内にある立木の評価)において「特別緑地保全地区」という。)内にある山林(林業を営むために立木の伐採が認められる山林で、かつ、純山林に該当するものを除く。)の価額は、45(評価の方式)から49(市街地山林の評価)までの定めにより評価した価額から、その価額に100分の80を乗じて計算した金額を控除して評価する。
第5節 原野及び原野の上に存する権利 **(市街地原野の評価)** 58-3 市街地原野の価額は、その原野が宅地であるとした場合の1平方メートル当たりの価額から、その原野を宅地に転用する場合において通常必要と認められ	**第5節 原野及び原野の上に存する権利** **(市街地原野の評価)** 58-3 市街地原野の価額は、その原野が宅地であるとした場合の1平方メートル当たりの価額から、その原野を宅地に転用する場合において通常必要と認められ

改 正 後	改 正 前

改正後

る1平方メートル当たりの造成費に相当する金額として、整地、土盛り又は土止めに要する費用の額がおおむね同一と認められる地域ごとに国税局長の定める金額を基に、その原野の地積を乗じて計算した金額によって評価する。

ただし、・・・・・。

(注) その原野が宅地であるとした場合の1平方メートル当たりの価額は、その付近にある宅地について11(評価の方式)に定める方式によって評価した1平方メートル当たりの価額を基とし、その宅地とその原野との位置、形状等の条件の差を考慮して評価するものとする。

なお、その原野が宅地であるとした場合の1平方メートル当たりの価額については、その原野が宅地であるとした場合において20-2((地積規模の大きな宅地の評価))の定めの適用対象となるとき(21-2((倍率方式による評価))ただし書において20-2の定めを準用するときを含む。)には、同項の定めを適用して計算することに留意する。

58-4 (削除)

(特別緑地保全地区内にある原野の評価)
58-5 特別緑地保全地区内にある原野の価額は、57(評価の方式)から58-3(市街地原野の評価)までの定めにより評価した価額から、その価額に100分の80を乗じて計算した金額を控除した金額によって評価する。

以下 第8章 その他の財産のための省略

改正前

る1平方メートル当たりの造成費に相当する金額として、整地、土盛り又は土止めに要する費用の額がおおむね同一と認められる地域ごとに国税局長の定める金額を基に、その原野の地積を乗じて計算した金額によって評価する。

ただし、・・・・・。

(注) その原野が宅地であるとした場合の1平方メートル当たりの価額は、その付近にある宅地について11(評価の方式)に定める方式によって評価した1平方メートル当たりの価額を基とし、その宅地とその原野との位置、形状等の条件の差を考慮して評価するものとする。

(広大な市街地原野の評価)
58-4 前項の市街地原野が宅地であるとした場合において、24-4(広大地の評価)に定める広大地に該当するときは、その市街地原野の価額は、前項の定めにかかわらず、24-4の定めに準じて評価する。ただし、市街地原野を24-4の定めによって評価した価額が前項の定めによって評価した価額を上回る場合には、前項の定めによって評価する。

(特別緑地保全地区内にある原野の評価)
58-5 特別緑地保全地区内にある原野の価額は、57(評価の方式)から58-4(広大な市街地原野の評価)までの定めにより評価した価額から、その価額に100分の80を乗じて計算した金額を控除した金額によって評価する。

以下 第8章 その他の財産のための省略

参考資料　153

「財産評価基本通達の一部改正について」通達等のあらましについて（情報）

地積規模の大きな宅地の評価

平成29年度税制改正の大綱（平成28年12月22日閣議決定）において、相続税等の財産評価の適正化を図るため、相続税法の時価主義の下、実態を踏まえて、広大地の評価について、現行の面積に比例的に減額する評価方法から、各土地の個性に応じて形状・面積に基づき評価する方法に見直すとともに、適用要件を明確化することとされた。

このことを踏まえ、「地積規模の大きな宅地の評価」を新設し、その適用要件については、地区区分や都市計画法の区域区分等を基にすることにより明確化を図った。

なお、これに伴い「広大地の評価」を廃止した。

（評価通達7、7－2、13、20－2〜20－6、21－2、22、24－6、25、付表1、40、41、49、50、50－2、58－3、58－5＝改正、24－4、40－2、49－2、58－4＝廃止）

1　従来の取扱い

(1)　従来の取扱いの概要

従来、その地域における標準的な宅地の地積に比して著しく地積が広大な宅地で都市計画法第4条第12項に規定する開発行為（以下「開発行為」という。）を行うとした場合に公共公益的施設用地の負担が必要と認められるもの（以下「広大地」という。）の価額は、道路や公園等のいわゆる「潰れ地」が生じることから、原則として、正面路線価に広大地補正率及び地積を乗じて評価することとしていた（旧評価通達24－4）。

なお、広大地の評価の適用要件及び評価方法は次のとおりとしていた。

【広大地の評価の適用要件】

①　その地域における標準的な宅地の地積に比して著しく地積が広大な宅地であること

②　開発行為を行うとした場合に公共公益的施設用地（道路、公園等）の負担が必要（潰れ地が生じる）と認められるものであること

③　大規模工場用地に該当するものではないこと及び中高層の集合住宅等の敷地用地に適しているもの（その宅地について、経済的に最も合理的であると認められる開発行為が中高層の集合住宅等を建築することを目的とするものであると認められるもの）ではないこと

【評価方法（算式）】

広大地の評価額　＝　正面路線価　×　広大地補正率(注)　×　地積

（注）　広大地補正率　＝　$0.6 - 0.05 \times \dfrac{\text{地積}}{1,000\,\text{㎡}}$

※　広大地補正率は0.35を下限とする。

---

(2)　従来の広大地の評価に係る広大地補正率と各種補正率の適用関係

従来の広大地の評価に係る広大地補正率は、土地の個別的要因に基づいて最も経済的・合理的な使用の観点から算定された鑑定評価額を基に統計学の手法を用いて設定し

ており、土地の個別的要因に係る補正が全て考慮されたものとなっていることから、土地の形状、道路との位置関係等に基づく個別的要因に係る補正、すなわち評価通達15((奥行価格補正))から20((不整形地の評価))まで及び20-3((無道路地の評価))から20-6((容積率の異なる2以上の地域にわたる宅地の評価))までの定めを適用せず、正面路線価、広大地補正率及び地積の3要素を用いて評価することとしていた。

また、鑑定評価における開発法では、広大地にセットバック部分がある場合、セットバック部分を潰れ地として有効宅地化率を計算していることから、広大地補正率にはセットバック部分のしんしゃくは織り込み済みであるため、広大地補正率を適用する土地については、評価通達24-6((セットバックを必要とする宅地の評価))の定めは適用しないこととしていた。

⑶　広大な市街地農地等の評価について

市街地農地等（市街地農地、市街地周辺農地、市街地山林及び市街地原野をいう。以下同じ。）が宅地であるとした場合において、旧評価通達24-4に定める広大地に該当するときは、旧評価通達40-2((広大な市街地農地等の評価))、49-2((広大な市街地山林の評価))及び58-4((広大な市街地原野の評価))の定めにより、旧評価通達24-4の定めに準じて評価することとしていた。

なお、市街地農地等を広大地として評価する場合には、広大地補正率の中で農地等（農地、山林及び原野をいう。以下同じ。）を宅地に転用するための宅地造成費相当額を考慮していることから、宅地造成費相当額を控除せずに評価することとしていた。

2　通達改正の趣旨

従来の広大地の評価に係る広大地補正率は、個別の土地の形状等とは関係なく面積に応じて比例的に減額するものであるため、社会経済情勢の変化に伴い、広大地の形状によっては、それを加味して決まる取引価額と相続税評価額が乖離する場合が生じていた。

また、従来の広大地の評価の適用要件は、上記1⑴のとおり「定性的（相対的）」なものであったことから、広大地に該当するか否かの判断に苦慮するなどの問題が生じていた。

このような状況の下、平成29年度税制改正の大綱（平成28年12月22日閣議決定）において、相続税等の財産評価の適正化を図るため、相続税法の時価主義の下、実態を踏まえて、広大地の評価について、現行の面積に比例的に減額する評価方法から、各土地の個性に応じて形状・面積に基づき評価する方法に見直すとともに、適用要件を明確化する旨明記された。このことを踏まえ、「地積規模の大きな宅地の評価」を新設し、その適用要件については、地区区分や都市計画法の区域区分等を基にすることにより「定量的（絶対的）」なものとし、明確化を図った。

なお、これに伴い「広大地の評価」を廃止した。

（参考）平成29年度税制改正の大綱（抄）

　二　資産課税

　　6　その他

　　⑹　相続税等の財産評価の適正化

相続税法の時価主義の下、実態を踏まえて、次の見直しを行う。

①、②　（省略）

③　広大地の評価について、現行の面積に比例的に減額する評価方法から、各土地の個性に応じて形状・面積に基づき評価する方法に見直すとともに、適用要件を明確化する。

④　（省略）

3　通達改正の概要等

(1)　「地積規模の大きな宅地の評価」の概要

イ　「地積規模の大きな宅地の評価」の趣旨

「地積規模の大きな宅地の評価」では、新たに「規模格差補正率」を設け、「地積規模の大きな宅地」を戸建住宅用地として分割分譲する場合に発生する減価のうち、主に地積に依拠する次の①から③の減価を反映させることとした。

①　戸建住宅用地としての分割分譲に伴う潰れ地の負担による減価 [注]

地積規模の大きな宅地を戸建住宅用地として分割分譲する場合には、一定の場合を除き、道路、公園等の公共公益的施設用地の負担を要することとなる。この負担により、戸建住宅用地として有効に利用できる部分の面積が減少することになるため、このようないわゆる「潰れ地」部分の負担が減価要因となる。

(注)　この潰れ地の負担による減価は、主に地積に依拠する一方、奥行距離にも依拠することから、当該減価の一部は普通商業・併用住宅地区及び普通住宅地区の奥行価格補正率に反映させた。具体的には、改正前の数値では潰れ地の負担による減価を反映しきれていない奥行距離に係る奥行価格補正率の数値について、当該減価を適正に反映させるために見直すこととした。

②　戸建住宅用地としての分割分譲に伴う工事・整備費用等の負担による減価

地積規模の大きな宅地を戸建住宅用地として分割分譲する場合には、住宅として利用するために必要な上下水道等の供給処理施設の工事費用の負担を要するとともに、開設した道路等の公共公益的施設の整備費用等の負担が必要となる。

また、開発分譲地の販売・広告費等の負担を要する。

開発分譲業者は、これらの費用負担を考慮して宅地の仕入れ値（購入価格）を決定することになるため、これらの工事・整備費用等の負担が減価要因となる。

③　開発分譲業者の事業収益・事業リスク等の負担による減価

地積規模の大きな宅地を戸建住宅用地として分割分譲する場合には、開発分譲業者は、開発利益を確保する必要がある。

また、開発する面積が大きくなるにつれ販売区画数が多くなることから、開発分譲業者は、完売までに長期間を要したり、売れ残りが生じるというリスクを負う。

さらに、開発分譲業者は、通常、開発費用を借入金で賄うことから、開発の準備・工事期間を通じた借入金の金利の負担を要する。

開発分譲業者は、これらを踏まえて宅地の仕入れ値（購入価格）を決定するため、これらが減価要因となる。

ロ 「地積規模の大きな宅地」の意義

　　上記イのとおり、「地積規模の大きな宅地の評価」は、戸建住宅用地として分割分譲する場合に発生する減価を反映させることを趣旨とするものであることから、戸建住宅用地としての分割分譲が法的に可能であり、かつ、戸建住宅用地として利用されるのが標準的である地域に所在する宅地が対象となる。したがって、三大都市圏では500㎡以上の地積の宅地、それ以外の地域では1,000㎡以上の地積の宅地であって、次の①から④に該当するもの以外のものを「地積規模の大きな宅地」とした[注1,2]。

　　次の①から④に該当するものを「地積規模の大きな宅地」から除くこととしているのは、法的規制やその標準的な利用方法に照らすと「地積規模の大きな宅地の評価」の趣旨にそぐわないことを理由とするものである。

　　なお、「地積規模の大きな宅地の評価」では、社会経済情勢の変化等を踏まえ、原則として、開発行為に係る要件を設けないこととした。

（注1）　「三大都市圏」とは、次の地域をいう。

　　　イ　首都圏整備法第2条第3項に規定する既成市街地又は同条第4項に規定する近郊整備地帯

　　　ロ　近畿圏整備法第2条第3項に規定する既成都市区域又は同条第4項に規定する近郊整備区域

　　　ハ　中部圏開発整備法第2条第3項に規定する都市整備区域

（注2）　三大都市圏では500㎡以上、それ以外の地域では1,000㎡以上という地積規模は、専門機関の実態調査等の結果に基づき設定した。したがって、三大都市圏では500㎡未満、それ以外の地域では1,000㎡未満の地積の宅地については、「地積規模の大きな宅地の評価」の適用はないことに留意する。

① 市街化調整区域（都市計画法第34条第10号又は第11号の規定に基づき宅地分譲に係る開発行為を行うことができる区域を除く。）に所在する宅地

　　市街化調整区域は、「市街化を抑制すべき区域」（都市計画法7③）であり、原則として宅地開発を行うことができない地域である（都市計画法29、33、34）。このことからすると、市街化調整区域内に所在する宅地については、戸建住宅用地としての分割分譲に伴う減価が発生する余地がないことから、原則として、「地積規模の大きな宅地」に該当しないものとした。

　　しかしながら、市街化調整区域であっても、都市計画法第34条第10号の規定により、同法第12条の4第1項第1号に規定する地区計画の区域（地区整備計画が定められている区域に限る。）内又は集落地域整備法第5条第1項の規定による集落地区計画の区域（集落地区整備計画が定められている区域に限る。）内においては、当該地区計画又は集落地区計画に適合する開発行為を行うことができることとされている。また、都市計画法第34条第11号の規定により、いわゆる条例指定区域内においても、同様に開発行為を行うことができることとされている。

　　これらのことを踏まえると、市街化調整区域であっても、都市計画法第34条第10号又は第11号の規定に基づき宅地分譲に係る開発行為を行うことができる区域については、戸建住宅用地としての分割分譲が法的に可能であることから、これら

の区域内に所在する宅地について、地積規模を満たす場合には「地積規模の大きな宅地」に該当するものとした^(注)。

> （注）都市計画法第34条第10号又は第11号の規定に基づき開発許可の対象とされる建築物の用途等は、地区計画、集落地区計画又は条例により定められるため、それぞれの地域によってその内容が異なることになる。したがって、地区計画又は集落地区計画の区域（地区整備計画又は集落地区整備計画が定められている区域に限る。）内、及び条例指定区域内に所在する宅地であっても、例えば、一定規模以上の店舗等の開発は認められるが、宅地分譲に係る開発は認められていないような場合には、「地積規模の大きな宅地の評価」の適用対象とならないことに留意する必要がある。

② **都市計画法の用途地域が工業専用地域に指定されている地域に所在する宅地**

工業専用地域は、工業の利便を増進する地域（都市計画法9⑫）であり、同地域内においては、原則として、工業系の用途となじまない用途の建築物の建築が禁止され、住宅の建築はできないこととされている（建築基準法48⑫、別表第二）。

このことを踏まえると、工業専用地域に所在する宅地については、地積規模が大きいものであっても、基本的に戸建住宅用地としての分割分譲に伴う減価が発生する余地がないことから、「地積規模の大きな宅地」に該当しないものとした^(注)。

> （注）評価対象となる宅地が2以上の用途地域にわたる場合には、建築基準法上、2以上の用途地域にわたる建築物の敷地については、その全部についてその過半の属する用途地域の制限が適用されることを踏まえ、当該宅地の全部が当該宅地の過半の属する用途地域に所在するものとする。

③ **指定容積率が 400%（東京都の特別区内においては 300%）以上の地域に所在する宅地**

指定容積率^(注1)が400%（東京都の特別区内においては300%）以上の地域に所在する宅地については、マンション敷地等として一体的に利用されることが標準的であり、戸建住宅用地として分割分譲が行われる蓋然性が乏しいと考えられることから、「地積規模の大きな宅地」に該当しないものとした^(注2)。

> （注1）指定容積率とは、建築基準法第52条第1項に規定する建築物の延べ面積の敷地面積に対する割合をいう。
>
> なお、評価対象となる宅地が指定容積率の異なる2以上の地域にわたる場合には、建築基準法の考え方に基づき、各地域の指定容積率に、その宅地の当該地域内にある各部分の面積の敷地面積に対する割合を乗じて得たものの合計により容積率を判定する。

> （注2）専門機関の実態調査等の結果に基づき、指定容積率を基準とすることとした。

④ **倍率地域に所在する評価通達22-2((大規模工場用地))に定める大規模工場用地**

大規模工場用地に該当する場合には、別途、評価通達22((大規模工場用地の評価))から22-3((大規模工場用地の路線価及び倍率))までに定めるところにより、大規模な土地であることを前提として評価することとしており、また、大規模工場用地は、大規模な工場用地として利用されることが標準的であると考えられる。

このことを踏まえると、戸建住宅用地としての分割分譲が行われる蓋然性が乏し

いと考えられることから、大規模工場用地については、「地積規模の大きな宅地」に該当しないものとした。

なお、大規模工場用地は、路線価地域においては、評価通達14−2（（地区））に定める大工場地区に所在するものに限られるところ、路線価地域の場合、下記ハ（イ）のとおり、「地積規模の大きな宅地の評価」は、普通商業・併用住宅地区及び普通住宅地区に所在する宅地が適用対象となることから、路線価地域に所在する大規模工場用地は、「地積規模の大きな宅地の評価」の適用対象から除かれることになる。

ハ　「地積規模の大きな宅地の評価」の適用対象

（イ）路線価地域の場合

路線価地域においては、上記ロの「地積規模の大きな宅地」であって、評価通達14−2（（地区））に定める普通商業・併用住宅地区及び普通住宅地区に所在するものを、「地積規模の大きな宅地の評価」の適用対象とした。

普通商業・併用住宅地区及び普通住宅地区に所在する「地積規模の大きな宅地」を適用対象としているのは、これらの地区に所在する宅地は、指定容積率が400%（東京都の特別区内においては300%）以上の地域に所在するものを除けば、戸建住宅用地として利用されることが標準的であると考えられるため、戸建住宅用地として分割分譲する場合に発生する減価を考慮して評価する必要があることを理由とするものである[注1、2]。

（注1）　ビル街地区は、大規模な商業用地として利用されることを前提とした地区であり、当該地区内の宅地については、戸建住宅用地として分割分譲されることは想定されず、それに伴う減価が発生する余地がないことから、「地積規模の大きな宅地の評価」の適用対象とならない。

高度商業地区及び繁華街地区は、主として商業用地として利用されることを前提とした、通常繁華性の高い地区である。これらの地区内の宅地については、中高層の建物の敷地として利用されるのが標準的であり、戸建住宅用地としての分割分譲が行われる蓋然性が乏しいことから、「地積規模の大きな宅地の評価」の適用対象とならない。

中小工場地区は、主として中小規模の工場用地として利用されることを前提とした地区であり、当該地区内の宅地は、中小規模の工場用地として利用されることが標準的であることから、「地積規模の大きな宅地の評価」の適用対象とならない。

大工場地区は、大規模な工場用地として利用されることを前提とした地区である。当該地区内の土地は、大規模な工場用地として利用されることが標準的であり、戸建住宅用地としての分割分譲が行われる蓋然性が乏しいことから、「地積規模の大きな宅地の評価」の適用対象とならない。

（注2）　評価対象となる宅地の正面路線が2以上の地区にわたる場合には、地区について都市計画法の用途地域を判断要素の一つとして設定していることから、建築基準法における用途地域の判定の考え方を踏まえ、当該宅地の過半の属する地区をもって、当該宅地の全部が所在する地区とする。

（ロ）　倍率地域の場合

　　　倍率地域においては、上記ロの「地積規模の大きな宅地」に該当すれば、「地積規模の大きな宅地の評価」の適用対象となる。

ニ　「地積規模の大きな宅地の評価」に係る具体的評価方法等

（イ）　路線価地域の場合

　　　普通商業・併用住宅地区及び普通住宅地区に所在する「地積規模の大きな宅地」については、正面路線価を基に、その形状・奥行距離に応じて評価通達15（（奥行価格補正））から20（（不整形地の評価））までの定めにより計算した価額に、その宅地の地積に応じた「規模格差補正率」を乗じて計算した価額によって評価する。

　　　これを具体的な算式で表すと、次のとおりである。

　　【算式】

　　　地積規模の大きな宅地（一方のみが路線に接するもの）の相続税評価額

$$= \text{正面路線価} \times \text{奥行価格補正率} \times \text{地積} \times \begin{array}{l}\text{不整形地補正率など}\\ \text{の各種画地補正率}\end{array}$$

$$\times \text{規模格差補正率}$$

（ロ）　倍率地域の場合

　　　倍率地域に所在する「地積規模の大きな宅地」については、評価通達21−2（（倍率方式による評価））本文の定めにより評価した価額が、その宅地が標準的な間口距離及び奥行距離を有する宅地であるとした場合の1平方メートル当たりの価額 [注] を評価通達14（（路線価））に定める路線価とし、かつ、その宅地が評価通達14−2（（地区））に定める普通住宅地区に所在するものとして「地積規模の大きな宅地の評価」（評価通達20−2）の定めに準じて計算した価額を上回る場合には、当該「地積規模の大きな宅地」については、「地積規模の大きな宅地の評価」（評価通達20−2）の定めに準じて計算した価額により評価する。

　　（注）「その宅地が標準的な間口距離及び奥行距離を有する宅地であるとした場合の1平方メートル当たりの価額」は、付近にある標準的な画地規模を有する宅地の価額との均衡を考慮して算定する必要がある。具体的には、評価対象となる宅地の近傍の固定資産税評価に係る標準宅地の1平方メートル当たりの価額を基に計算することが考えられるが、当該標準宅地が固定資産税評価に係る各種補正の適用を受ける場合には、その適用がないものとしたときの1平方メートル当たりの価額に基づき計算することに留意する。

ホ　「地積規模の大きな宅地の評価」に係る規模格差補正率と各種補正率の適用関係

　　　従来の広大地の評価に係る広大地補正率では、上記1(2)のとおり、土地の個別的要因に係る補正が全て考慮されているが、「地積規模の大きな宅地の評価」に係る規模格差補正率は、上記イのとおり、地積規模の大きな宅地を戸建住宅地として分割分譲する場合に発生する減価のうち、主に地積に依拠するものを反映しているものであり、

それ以外の土地の個別的要因に係る補正については考慮していない。

　したがって、地積規模の大きな宅地を戸建住宅用地として分割分譲する場合に発生する減価のうち、主に地積に依拠するもの以外の土地の形状、道路との位置関係等に基づく個別的要因に係る補正については、別途、評価通達 15((奥行価格補正))から 20((不整形地の評価))まで及び 20−3((無道路地の評価))から 20−6((容積率の異なる２以上の地域にわたる宅地の評価))までの定めを適用して評価上考慮することとなる。また、セットバック部分がある場合には、別途、評価通達 24−6((セットバックを必要とする宅地の評価))の定めを適用して評価することとなる。

ヘ　規模格差補正率の計算方法等

(イ)　規模格差補正率の計算方法

　「規模格差補正率」は、下記の算式により計算する。

【算式】

$$規模格差補正率 = \frac{Ⓐ \times Ⓑ + Ⓒ}{地積規模の大きな宅地の地積（Ⓐ）} \times 0.8$$

（注）上記算式により計算した規模格差補正率は、小数点以下第２位未満を切り捨てる。

　上の式中の「Ⓑ」及び「Ⓒ」は、地積規模の大きな宅地の所在する地域に応じて、それぞれ下表のとおりとする。

①　三大都市圏に所在する宅地

地積㎡		普通商業・併用住宅地区、普通住宅地区	
地区区分／記号		Ⓑ	Ⓒ
500 以上　1,000 未満		0.95	25
1,000　〃　3,000　〃		0.90	75
3,000　〃　5,000　〃		0.85	225
5,000　〃		0.80	475

②　三大都市圏以外の地域に所在する宅地

地積㎡		普通商業・併用住宅地区、普通住宅地区	
地区区分／記号		Ⓑ	Ⓒ
1,000 以上　3,000 未満		0.90	100
3,000　〃　5,000　〃		0.85	250
5,000　〃		0.80	500

（参考）奥行価格補正率表（抜粋）

奥行距離 （メートル）	地区区分	普通商業・ 併用住宅地区		普通住宅地区	
		改正前	改正後	改正前	改正後
24以上　28　未満		1.00	1.00	0.99	0.97
28　〃　　32　〃				0.98	0.95
32　〃　　36　〃		0.98	0.97	0.96	0.93
36　〃　　40　〃		0.96	0.95	0.94	0.92
40　〃　　44　〃		0.94	0.93	0.92	0.91
44　〃　　48　〃		0.92	0.91	0.91	0.90
48　〃　　52　〃		0.90	0.89	0.90	0.89

《規模格差補正率の具体的計算例》

※三大都市圏に所在する地積1,500㎡の宅地の場合

$$規模格差補正率 = \frac{1,500\ ㎡ \times 0.90 + 75}{1,500\ ㎡} \times 0.8$$
$$= 0.76$$

(ロ)　規模格差補正率の算式の考え方

　「規模格差補正率」が適用される宅地の地積は、三大都市圏では500㎡以上、それ以外の地域では1,000㎡以上であるが、専門機関の分析結果によると、地積規模の大きな宅地を戸建住宅用地として分割分譲する場合に発生する減価は、当初は地積の増加に正比例的に増加するものの、一定の地積規模を超えると、その増加幅は緩やかとなる傾向にある。上記(イ)の算式により計算した「規模格差補正率」は、この傾向を適正に反映したものとして計算される。

　また、当該減価の割合は、地積区分ごとに異なる（例えば、上記(イ)の表のとおり、三大都市圏に所在する1,500㎡の宅地の場合、当該宅地の500㎡以上1,000㎡未満の部分の減価の割合（0.95（上記(イ)の表のⒷの数値））と1,000㎡以上1,500㎡までの部分の減価の割合（0.90（上記(イ)の表のⒷの数値））は異なる。）ため、当該宅地に係る「規模格差補正率」は、本来的には、当該宅地を①500㎡未満の部分、②500㎡以上1,000㎡未満の部分及び③1,000㎡以上1,500㎡までの部分に分割し、それぞれの部分に対応する減価の割合を乗じて合算したものに基づき計算することとなる。しかしながら、このような計算方法によると、地積の規模が特に大きくなった場合には「規模格差補正率」の計算過程が複雑なものとなってしまうため、上記(イ)のとおり、簡便に「規模格差補正率」を計算できるようにした。具体的には、例えば、上記と同様の三大都市圏に所在する1,500㎡の宅地の場合、全体の面積を基に1,000

㎡以上3,000㎡未満の0.90（上記(イ)の表の⑧の数値）を乗じた上で75（上記(イ)の表の◎の数値）を加算する方法により、当該宅地の「規模格差補正率」（0.76）を計算できるようにしている。

(2) 市街地農地等への「地積規模の大きな宅地の評価」の適用について

従来の広大な市街地農地等については、上記1(3)のとおり、旧評価通達24－4の定めに準じて評価することとしていたが、今般の改正により、旧評価通達24－4の定めの廃止に伴い、旧評価通達40－2、49－2及び58－4の定めも併せて廃止し、今後は、通常の市街地農地等と同様、評価通達39((市街地周辺農地の評価))、40((市街地農地の評価))、49((市街地山林の評価))及び58－3((市街地原野の評価))の定めにより評価することとした。

市街地農地等については、評価通達39、40、49及び58－3の定めにおいて、その農地等が宅地であるとした場合を前提として評価（宅地比準方式により評価）することとしているところ、開発分譲業者が、地積規模の大きな市街地農地等を造成し、戸建住宅用地として分割分譲する場合には、地積規模の大きな宅地の場合と同様に、それに伴う減価が発生することになる。

したがって、市街地農地等については、「地積規模の大きな宅地の評価」の適用要件を満たせば、その適用対象となる（ただし、路線価地域にあっては、宅地の場合と同様に、普通商業・併用住宅地区及び普通住宅地区に所在するものに限られる。）[注]。評価通達40注書、49注書及び58－3注書において、このことを留意的に明らかにした。

(注) 市街地農地等について、宅地への転用が見込めないと認められる場合には、戸建住宅用地としての分割分譲が想定されないことから、「地積規模の大きな宅地の評価」の適用対象とならないことに留意する。

なお、上記1(3)のとおり、従来の広大地評価に係る広大地補正率では、宅地造成費相当額が考慮されていたが、「地積規模の大きな宅地の評価」に係る規模格差補正率は、上記(1)イのとおり、地積規模の大きな宅地を戸建住宅用地として分割分譲する場合に発生する減価のうち、主に地積に依拠するものを反映しているものであり、宅地造成費相当額は反映していない。

したがって、「地積規模の大きな宅地の評価」の適用対象となる市街地農地等については、「地積規模の大きな宅地の評価」を適用した後、個々の農地等の状況に応じた宅地造成費相当額を別途控除して評価することとなる。

(3) 雑種地への「地積規模の大きな宅地の評価」の適用について

雑種地の価額は、近傍にある状況が類似する土地に比準した価額により評価する（評価通達82）ところ、評価対象となる雑種地の状況が宅地に類似する場合には宅地に比準して評価することとなり、農地等に類似する場合には農地等に比準して評価することとなる。このとき、市街化区域内の農地等の価額は宅地比準方式により評価することとしていることから、市街化区域内の雑種地についても、宅地比準方式により評価することとなる。

このような宅地に状況が類似する雑種地又は市街地農地等に類似する雑種地について「地積規模の大きな宅地の評価」の適用要件を満たす場合には、宅地と同様に、戸建

住宅用地としての分割分譲に伴い発生する減価を評価額に反映させる必要がある。
　したがって、状況が宅地に類似する雑種地又は市街地農地等に類似する雑種地については、「地積規模の大きな宅地の評価」の適用要件を満たせば、その適用対象となる（ただし、路線価地域にあっては、宅地の場合と同様に、普通商業・併用住宅地区及び普通住宅地区に所在するものに限られる。）。

(4) 具体的な計算例
　「地積規模の大きな宅地の評価」の具体的な計算例を示せば、次のとおりである。

（設例１）宅地の場合
　三大都市圏内に所在する面積750㎡の宅地
　※　他の地積規模の大きな宅地の評価の適用要件は満たしている。

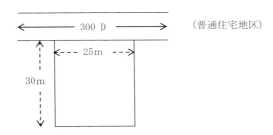

【計算】
　1　規模格差補正率
$$\frac{750㎡ \times 0.95 + 25}{750㎡} \times 0.8 = 0.78$$

　2　評価額
　　（路線価）　（奥行価格補正率）　（面積）　（規模格差補正率）
　　300,000円 × 0.95 × 750㎡ × 0.78 ＝ 166,725,000円

　(注) 規模格差補正率は、小数点以下第２位未満を切り捨てて求める。

（設例２）市街地農地の場合
　　三大都市圏以外の地域内に所在する面積1,500 ㎡の畑
※１　他の地積規模の大きな宅地の評価の適用要件は満たしている。
　２　宅地造成費として、整地（１㎡当たり 600 円）を要する。

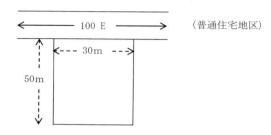

（普通住宅地区）

【計算】
１　規模格差補正率
$$\frac{1,500\ ㎡ \times 0.90 + 100}{1,500\ ㎡} \times 0.8 = 0.77$$

２　１㎡当たりの価額
　　　（路線価）　（奥行価格補正率）（規模格差補正率）（整地費）
　　(100,000 円 × 0.89 × 0.77) － 600 円 ＝ 67,930 円

３　市街地農地の評価額
　　67,930 円 × 1,500 ㎡ ＝ 101,895,000 円

（注１）　規模格差補正率は、小数点以下第２位未満を切り捨てて求める。
（注２）　市街地農地等については、「地積規模の大きな宅地の評価」を適用した後、宅地造成費相当額を別途控除して評価する。

(5) 適用時期
　　平成 30 年１月１日以後に相続、遺贈又は贈与により取得した財産の評価に適用することとした。

参考資料 165

「地積規模の大きな宅地の評価」の適用対象の判定のためのフローチャート

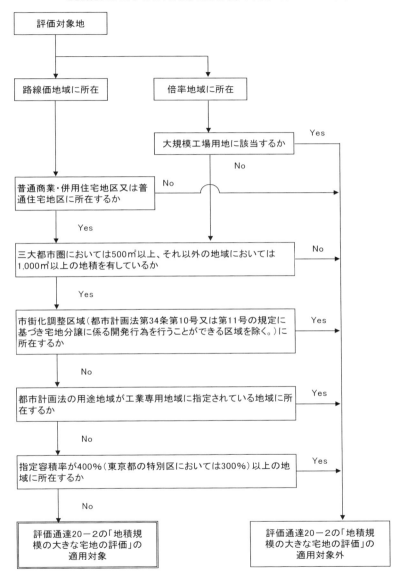

【参考文献】

渡邉　正則　『通達・情報・裁決・判決等から見た広大地評価の実務』（大蔵財務協会）

國武　久幸　『平成27年版　相続税贈与税の実務土地評価』（大蔵財務協会）

長谷川昭男　編　『土地評価の実務』（大蔵財務協会）

笹岡　宏保　『具体的事例による財産評価の実務Ⅰ』（清文社）

梶山　清児　編　『図解　相続税・贈与税（平成28年版)』（大蔵財務協会）

柴原　一　『Q&A　都市農地税制　必携ガイド』（清文社）

【執筆者紹介】

辻・本郷税理士法人

平成14年4月設立。東京新宿に本部を置き、全国各地、そして海外へも多数の拠点を展開している。顧問先数10,000社、スタッフは1,400名（関連グループを含む）。相続はもちろん、医療、税務コンサルティング、事業承継、M&A、企業再生、公益法人、移転価格、国際税務など各税務分野別に専門特化したプロ集団。弁護士、不動産鑑定士、司法書士との連携により、顧客の立場に立ったワンストップサービスとあらゆるニーズに応える総合力をもって、多岐に渡る業務展開をしている。

〒160-0022
東京都新宿区新宿4-1-6
JR新宿ミライナタワー28階
TEL　03-5323-3301（代）
FAX　03-5323-3302
URL　http//www.ht-tax.or.jp

【執筆者一覧（50音順）】
安積健　井口麻里子　伊藤健司　内田陽子　小田嶋恒司　加藤希弥
佐々木重徳　鈴木淳　薗田優子　武内綾　前田智美　宮崎勝也

本書の内容に関するご質問は、ファクシミリ等、文書で編集部宛にお願いいたします。（fax　03-6777-3483）
　なお、個別のご相談は受け付けておりません。

新　広大地評価の実務

平成29年10月13日　　初版第 1 刷印刷	（著者承認検印省略）
平成29年10月27日　　初版第 1 刷発行	

Ⓒ　編　者　　辻・本郷税理士法人

発行所　　税務研究会出版局

代表者　　山根　毅

郵便番号100-0005

東京都千代田区丸の内 1 - 8 - 2

鉄鋼ビルディング

振替00160-3-76223

電話〔書 籍 編 集〕03（6777）3463

〔書 店 専 用〕03（6777）3466

〔書 籍 注 文〕
〈お客さまサービスセンター〉03（6777）3450

● 各事業所　電話番号一覧 ●

北海道 011（221）8348　神奈川 045（263）2822　中 国 082（243）3720

東 北 022（222）3858　中 部 052（261）0381　九 州 092（721）0644

関 信 048（647）5544　関 西 06（6943）2251

＜税研ホームページ＞　https://www.zeiken.co.jp

乱丁・落丁の場合は、お取替えします。　　　　　　印刷・製本　奥村印刷

ISBN978-4-7931-2271-2

資産税関係

《2017年8月1日現在》

〔2017年度版〕
一目でわかる小規模宅地特例100

赤坂 光則 著／B5判／488頁　　定価 2,808円

特例の適用形態を体系的に整理し、イラストを織り込み、辞書をひく要領で適用状況がわかるよう編集した好評書です。2017年度版では所要の改正を織り込んだほか、寄せられた質問等をもとに4つの事例を追加し、54事例としました。

2017年7月刊

土地評価に係る現地調査の重要ポイント

吉野 広之進 著／A5判／228頁　　定価 2,268円

「土地の現地確認」に焦点をあて、土地評価の方法等について、わかりやすく解説しています。現地調査に行って判明した事項を27例集め、それぞれ会話文と解説という形で構成しました。これから土地評価に携わる方には最適な書籍となっています。

2016年11月刊

実践 土地の有効活用
所法58条の交換・共有地の解消(分割)・立体買換えに係る実務とQ&A

松本 好正 著／A5判／484頁　　定価 4,320円

土地の有効活用において欠かせない手段である「固定資産の交換」「共有地の解消」及び「立体買換え」の実務と、それに係る課税関係についてわかりやすく解説し、91問のQ&Aを織り込んでいます。

2016年10月刊

都市近郊農家・地主の相続税・贈与税

清田 幸弘 編著／下﨑 寛・妹尾 芳郎・永瀬 寿子 共著
A5判／186頁　　定価 1,944円

相続税・贈与税の基本、生産緑地制度・農地の納税猶予の特例の取扱いや、土地などの相続財産の評価方法、納税方法についてQ&A形式で解説。これまで以上に相続税・贈与税の対策が必要になってきている都市近郊農家・地主の方々におすすめの一冊です。

2016年3月刊

税務研究会出版局　https://www.zeiken.co.jp

定価は8％の消費税込みの表示となっております。

週刊「税務通信」
～実務家の皆様のあらゆるニーズにお答えする～

contents

ニュース
税制改正から税務調査の動向まで税務に関する主要なニュースの全速報。

解説
改正法令・通達について担当官がわかりやすく解説。

法令・通達・資料
税制改正の大綱、法律案をはじめ税務当局や各種団体の公表資料を随時掲載。

ショウ・ウィンドウ
実務上判断に迷いやすい税金実務のポイントを紹介。

週刊「税務通信」
- 年間購読料　38,880 円（税込・送料込・前払制）
- B5判 32頁（増ページ有り）
- 毎週月曜日発行
- 綴じ込み台紙付き（半年毎）

特別附録　・「法人税申告書の実務」・「法人税便覧」・「国税局別税務職員録」

インターネット版も選べます！

探したい記事をすばやく検索！
週刊「税務通信」インターネット版

税務通信データベース

検索機能／バックナンバー5年超収録／法令・通達リンク

- 年間利用料（税務通信データベース単体契約）
  38,880 円（税込・前払制）
- 年間購読利用料（週刊「税務通信」とセット契約）
  51,840 円（税込・前払制）

●充実のコンテンツ
2001年4月2日号（No.2667）から最新号までの掲載記事を全文収録！

法令・通達集データ…71本
改正を随時反映、最新の内容に更新、新旧対照表も収録

※価格は平成29年4月1日現在の金額です。

株式会社 税務研究会　　https://www.zeiken.co.jp